Die Nag Hammadi-Kodizes

Erforschung der alten Wurzeln des Gnostizismus und des frühen Christentums

Shalom Press

Inhaltsverzeichnis

Einführung

Im staubigen Sand Oberägyptens wurde 1945 eine bemerkenswerte Entdeckung gemacht, die unser Verständnis des frühen Christentums und der rätselhaften religiösen Tradition, die als Gnostizismus bekannt ist, für immer verändern sollte. Die Kodizes von Nag Hammadi, eine Sammlung antiker Manuskripte, die jahrhundertelang verborgen blieben, traten aus dem Schatten hervor, um Licht auf eine Welt zu werfen, die lange Zeit und Dogma im Dunkeln lag. Diese in koptischer Sprache verfassten und in dreizehn ledergebundenen Bänden untergebrachten Texte stellen eine Fundgrube spiritueller Weisheit, theologischer Debatten und mystischer Einsichten dar. Als Historiker und Wissenschaftler stehen wir an der Schwelle einer vergessenen Epoche und haben die Aufgabe, die tiefgreifenden Geheimnisse dieser fragilen Seiten zu entschlüsseln.

Die Geschichte der Nag Hammadi Codices beginnt in einem abgelegenen Dorf in der Nähe der Stadt Nag Hammadi am Nil. Hier, im Herzen Ägyptens, stießen zwei örtliche Bauern beim Graben nach Dünger auf ein verschlossenes Glas. Sie wussten nicht, dass ihre Entdeckung bald eine wissenschaftliche Revolution auslösen würde. Im Gefäß lagen die Kodizes, die trotz fast sechzehn Jahrhunderten erstaunlich gut erhalten waren. Dieser Zufallsfund grenzte an ein Wunder, da er Texte enthüllte, die seit der frühchristlichen Ära in der Geschichte verloren gegangen waren.

Um die Bedeutung der Nag-Hammadi-Kodizes zu würdigen, muss man zunächst den historischen und kulturellen Kontext verstehen, aus dem sie hervorgegangen sind. In den ersten Jahrhunderten n. Chr. war die Mittelmeerwelt ein Kessel religiöser und philosophischer Gärung. Das Römische Reich mit seiner riesigen Ausdehnung und seiner vielfältigen Bevölkerung bildete den Hintergrund, vor dem sich verschiedene Glaubenssysteme vermischten und entwickelten. Das frühe Christentum, das sich noch im

Anfangsstadium befand, war nur eine von vielen religiösen Bewegungen, die um Anhänger und Legitimität wetteiferten.

In diesem Milieu entwickelte sich der Gnostizismus zu einer eigenständigen und oft umstrittenen spirituellen Tradition. Der Begriff „Gnostizismus" leitet sich vom griechischen Wort „gnosis" ab, was Wissen bedeutet. Im Mittelpunkt des gnostischen Glaubens stand die Idee, dass die Erlösung nicht allein durch den Glauben, sondern durch ein esoterisches Verständnis der göttlichen Wahrheiten zustande kam. Gnostiker hielten die materielle Welt für eine fehlerhafte Schöpfung, das Werk einer geringeren Gottheit, die als Demiurg bekannt ist. Im Gegensatz dazu residierte der wahre Gott in einem höheren, spirituellen Bereich, der nur durch inneres Wissen und Erleuchtung zugänglich war.

Die Nag Hammadi Codices bieten einen beispiellosen Einblick in die Vielfalt und Tiefe des gnostischen Denkens. Mit über fünfzig Texten, darunter Evangelien, Apokalypsen und Abhandlungen, stellen diese

Manuskripte traditionelle Erzählungen in Frage und laden uns ein, die Natur der frühchristlichen Theologie zu überdenken. Zu den bekanntesten Texten gehört das Thomasevangelium, eine Sammlung Jesus zugeschriebener Aussprüche, in denen die direkte, persönliche Erfahrung des Göttlichen wichtiger ist als die institutionalisierte Religion. Dieses Evangelium stellt zusammen mit anderen wie dem Philippus- und dem Marienevangelium einen starken Kontrast zum kanonischen Neuen Testament dar und hebt alternative Interpretationen der Lehren und Mission Jesu hervor.

Einer der auffälligsten Aspekte der Nag-Hammadi-Kodizes ist ihr Fokus auf das weibliche Göttliche. Texte wie die Sophia von Jesus Christus und der Donner, Perfect Mind feiern die Weisheit und Kraft weiblicher Figuren und bieten einen Kontrapunkt zu den überwiegend männerzentrierten Erzählungen des orthodoxen Christentums. Die Hervorhebung von Sophia, der Personifikation der göttlichen Weisheit, unterstreicht den gnostischen Glauben an die Notwendigkeit eines Gleichgewichts zwischen männlichen und weiblichen Prinzipien auf der Suche nach spiritueller Ganzheit.

Wenn wir tiefer in die Kodizes blicken, stoßen wir auf ein reichhaltiges Geflecht mythologischer und kosmologischer Erzählungen. Das Geheime Buch Johannes zum Beispiel präsentiert einen ausführlichen Schöpfungsmythos, der die Genesis-Geschichte neu interpretiert. In diesem Bericht strahlt der wahre Gott, ein transzendentes und unerkennbares Wesen, eine Reihe göttlicher Wesen aus, die als Äonen bekannt sind. Zu diesen Äonen gehört Sophia, deren Fall und anschließende Erlösung den Weg der menschlichen Seele von der Unwissenheit zur Erleuchtung widerspiegeln. Dieser mythische Rahmen bietet tiefe Einblicke in die gnostische Weltanschauung und stellt die materielle Welt als ein Gefängnis dar, aus dem die Seele durch Gnosis entkommen muss.

Die Nag-Hammadi-Kodizes beleuchten auch die Natur der frühen christlichen Gemeinschaften und ihre Interaktionen mit der breiteren religiösen Landschaft.

Der Valentinianische Gnostizismus, eine der einflussreichsten gnostischen Schulen, ist in den Kodizes gut vertreten. Diese von Valentinus, einem charismatischen Lehrer und Theologen, gegründete Bewegung versuchte, die gnostischen Lehren mit dem orthodoxen Christentum in Einklang zu bringen. Valentinianische Texte wie das Evangelium der Wahrheit und die Abhandlung über die Auferstehung offenbaren eine differenzierte Theologie, die die transformative Kraft des Wissens und die Bedeutung der inneren spirituellen Erfahrung betont.

Die Entdeckung der Nag-Hammadi-Kodizes hatte tiefgreifende Auswirkungen auf unser Verständnis des frühen Christentums und die Entwicklung der christlichen Lehre. Gnostische Texte waren jahrhundertelang vor allem durch die Schriften ihrer Gegner, der Kirchenväter, bekannt, die sie als ketzerisch anprangerten. Die Kodizes bieten einen direkten Einblick in das gnostische Denken und ermöglichen es uns, die Komplexität und Vielfalt der frühchristlichen Theologie zu würdigen. Sie fordern uns heraus, die

Grenzen der Orthodoxie zu überdenken und den Pluralismus anzuerkennen, der die frühchristliche Bewegung kennzeichnete.

Neben ihrer theologischen Bedeutung bieten die Kodizes wertvolle Einblicke in die soziokulturelle Dynamik der Zeit. Die Texte spiegeln ein Milieu wider, in dem religiöse Ideen ständig im Wandel waren und durch Interaktionen zwischen verschiedenen Gemeinschaften und intellektuellen Traditionen geprägt waren. Der Einfluss der platonischen Philosophie, der jüdischen Mystik und der ägyptischen Religion ist in den Manuskripten zu erkennen und unterstreicht die synkretistische Natur des gnostischen Denkens. Diese gegenseitige Befruchtung von Ideen unterstreicht die Vernetzung der antiken Welt und die Art und Weise, wie religiöse Überzeugungen als Reaktion auf veränderte Umstände angepasst und neu interpretiert wurden.

Die Nag Hammadi-Kodizes werfen auch wichtige Fragen zur Weitergabe und Bewahrung von Wissen auf. Die Umstände ihrer Beerdigung und Wiederentdeckung lassen darauf schließen, dass sie versteckt wurden, um sie vor Verfolgung zu schützen, möglicherweise in einer Zeit erhöhter Spannungen zwischen gnostischen und orthodoxen christlichen Gemeinschaften. Die Tatsache, dass diese Texte überhaupt überlebt haben, ist ein Beweis für die Widerstandskraft und Entschlossenheit derjenigen, die sie schätzten. Ihre Erhaltung ist eine eindringliche Erinnerung an die Fragilität des kulturellen Erbes und den anhaltenden Kampf um den Schutz und die Weitergabe unseres kollektiven intellektuellen Erbes.

Während wir uns auf die Erkundung der Nag-Hammadi-Kodizes begeben, sind wir aufgerufen, uns mit diesen Texten nicht nur als historische Artefakte, sondern als lebendige Dokumente auseinanderzusetzen, die bei zeitgenössischen Wahrheitssuchern weiterhin Anklang finden. Ihre Themen des spirituellen Erwachens, der Suche nach innerem Wissen und der Suche nach göttlicher Weisheit sprechen universelle menschliche Erfahrungen und Bestrebungen an. In einer Welt, die von schnellem Wandel und Unsicherheit geprägt ist, bietet die in den Kodizes enthaltene zeitlose

Weisheit Orientierung und Inspiration für diejenigen, die sich auf dem Weg der Selbstfindung und des spirituellen Wachstums befinden.

Dieses Buch versucht, die reiche und vielfältige Tradition des Gnostizismus zu beleuchten, wie sie in den Nag Hammadi-Kodizes offenbart wird. Jedes Kapitel befasst sich mit spezifischen Texten und Themen und beleuchtet deren historischen Kontext, theologische Bedeutung und dauerhafte Relevanz. Von den mystischen Lehren des Thomasevangeliums bis zu den kosmischen Visionen des Geheimen Buches des Johannes werden wir durch die Tiefen des gnostischen Denkens reisen und die tiefgreifenden Einsichten und spirituellen Schätze entdecken, die in diesen alten Manuskripten liegen.

Damit würdigen wir das Vermächtnis derer, die diese Texte bewahrt haben, und das anhaltende Streben nach Wissen und Verständnis, das sie repräsentieren. Die Nag Hammadi Codices laden uns ein, Fragen zu stellen, zu erforschen und eine tiefere Verbindung mit dem

Göttlichen zu suchen. Sie fordern uns heraus, unseren Horizont zu erweitern und die Komplexität und Vielfalt der menschlichen spirituellen Erfahrung anzunehmen. Wenn wir uns gemeinsam auf diese Reise begeben, öffnen wir unsere Herzen und Gedanken für die Weisheit der Vergangenheit und die Möglichkeiten der Gegenwart, geleitet vom Licht der Gnosis.

Kapitel 1

Die Entdeckung der Nag-Hammadi-Kodizes

Den verborgenen Schatz enthüllen

Im Dezember 1945 wurde in der trostlosen Landschaft Oberägyptens eine Entdeckung gemacht, die unser Verständnis des frühchristlichen und gnostischen Denkens für immer verändern sollte. In der Nähe der Stadt Nag Hammadi stießen ein Bauer namens Muhammad Ali al-Samman und seine Brüder auf ein Tongefäß, das am Fuß einer Klippe in der Gegend von Jabal al-Tarif vergraben war. Anfangs zögerten sie, es aufzubrechen, weil sie befürchteten, es könnte einen Dschinn oder einen Fluch enthalten. Doch die Neugier überwog, und als sie das Gefäß zerschmetterten, fanden sie weder Gold noch Juwelen, sondern dreizehn in Leder gebundene, mit Papyrusblättern gefüllte Kodizes.

Die Entdeckung grenzte an ein Wunder. Die in koptischer Sprache verfassten Kodizes aus dem 3. und 4. Jahrhundert n. Chr. enthielten 52 Texte, von denen viele modernen Gelehrten bisher unbekannt waren. Zu diesen Texten gehörten Evangelien, Gebete, Apokalypsen und philosophische Abhandlungen, die einen Einblick in die vielfältige und reiche Welt des frühchristlichen und gnostischen Denkens boten. Die Kodizes wurden versteckt, wahrscheinlich um sie vor der Zerstörung in einer Zeit religiöser Unruhen zu schützen, in der orthodoxe Autoritäten oft nach ketzerischen Texten suchten und diese vernichteten.

Die Reise von Ägypten in die moderne Welt

Der Weg der Nag-Hammadi-Kodizes vom Sand Ägyptens in die Hände moderner Gelehrter war voller Herausforderungen und Intrigen. Nach ihrer ersten Entdeckung waren die Kodizes den Gefahren des Schwarzmarktes ausgesetzt. Muhammad Ali und seine

Brüder waren sich ihres wahren Wertes nicht bewusst und verkauften sie an einen örtlichen Antiquitätenhändler. Von dort aus wurden sie über verschiedene Kanäle geschmuggelt, wobei Teile der Sammlung in die Hände verschiedener Personen gelangten, die jeweils ihre potenzielle Bedeutung erkannten.

Erst in den späten 1940er Jahren erregten die Kodizes die Aufmerksamkeit von Wissenschaftlern. Der erste anerkannte Text war das Thomasevangelium, eine Sammlung von Jesus zugeschriebenen Aussprüchen, die eine völlig andere Perspektive als die kanonischen Evangelien boten. Dies löste eine Welle der Aufregung und Dringlichkeit bei Wissenschaftlern und Institutionen auf der ganzen Welt aus, die diese wertvollen Dokumente sichern und studieren wollten.

Der Großteil der Kodizes gelangte schließlich in das Koptische Museum in Kairo, wo sie sorgfältig restauriert und übersetzt wurden. Diese Bemühungen erforderten die Zusammenarbeit internationaler Wissenschaftler und

Experten für koptische Sprache und frühchristliche Studien. Der Prozess war langsam und sorgfältig, da die fragilen Papyrusblätter vorsichtig behandelt werden mussten, um eine weitere Verschlechterung zu verhindern. Trotz dieser Herausforderungen markierte die schließliche Veröffentlichung der Texte in den 1970er Jahren einen Wendepunkt in der Erforschung des frühen Christentums und des Gnostizismus.

Bedeutung der Kodizes im historischen Kontext

Die Nag-Hammadi-Kodizes hatten einen tiefgreifenden Einfluss auf unser Verständnis der religiösen Landschaft der frühen christlichen Ära. Vor ihrer Entdeckung stammte vieles, was über den Gnostizismus bekannt war, aus den Schriften früher Kirchenväter, die den gnostischen Glauben oft in einem negativen Licht darstellten. Diese Häresiologen, darunter Persönlichkeiten wie Irenäus und Tertullian, stellten die Gnostiker als gefährliche Ketzer dar, deren Lehren die

Einheit und Orthodoxie der entstehenden christlichen Kirche bedrohten.

Die Kodizes stellten den Gnostizismus jedoch aus der Perspektive seiner Anhänger dar und boten eine differenziertere und sympathischere Darstellung ihrer Überzeugungen und Praktiken. Die Texte offenbarten eine reiche und vielfältige Tradition, die persönliches spirituelles Wissen (Gnosis) und eine direkte, erfahrene Beziehung zum Göttlichen betonte. Dies stand in scharfem Kontrast zur eher hierarchischen und institutionalisierten Struktur des orthodoxen Christentums.

Einer der auffälligsten Aspekte der Kodizes ist ihre Auseinandersetzung mit dem weiblichen Göttlichen. Texte wie die Sophia von Jesus Christus und der Donner, Perfect Mind feiern die Rolle weiblicher Figuren im spirituellen Kosmos und betonen die Bedeutung des Gleichgewichts zwischen männlichen und weiblichen Prinzipien. Diese Betonung des weiblichen Göttlichen stellt die überwiegend männerzentrierten Narrative des orthodoxen Christentums in Frage und bietet ein umfassenderes Verständnis der spirituellen Landschaft der Zeit.

Die Kodizes beleuchten auch die theologischen und kosmologischen Rahmenbedingungen des gnostischen Denkens. Das Geheime Buch Johannes zum Beispiel präsentiert einen ausführlichen Schöpfungsmythos, der die Genesis-Geschichte neu interpretiert. In diesem Bericht strahlt der wahre Gott, ein transzendentes und unerkennbares Wesen, eine Reihe göttlicher Wesen aus, die als Äonen bekannt sind. Zu diesen Äonen gehört Sophia, deren Fall und anschließende Erlösung den Weg der menschlichen Seele von der Unwissenheit zur Erleuchtung widerspiegeln. Dieser mythische Rahmen bietet tiefe Einblicke in die gnostische Weltanschauung und stellt die materielle Welt als ein Gefängnis dar, aus dem die Seele durch Gnosis entkommen muss.

Die Entdeckung der Nag-Hammadi-Kodizes hatte auch bedeutende Auswirkungen auf das Studium der frühen christlichen Gemeinschaften. Die Texte liefern Beweise für die Vielfalt und Fluidität des frühen christlichen Glaubens und stellen die Vorstellung einer monolithischen und einheitlichen frühen Kirche in Frage. Die Kodizes offenbaren eine lebendige und dynamische religiöse Landschaft, in der verschiedene Interpretationen der Lehren Jesu nebeneinander existierten und interagierten. Dieser Pluralismus zeigt sich in der Vielfalt der in den Kodizes enthaltenen Texte, die sowohl gnostische als auch nicht-gnostische Schriften umfassen und das komplexe Zusammenspiel von Ideen widerspiegeln, die das frühchristliche Denken charakterisierten.

Darüber hinaus bieten die Kodizes wertvolle Einblicke in die soziokulturelle Dynamik der Zeit. Die Texte spiegeln ein Milieu wider, in dem religiöse Ideen ständig im Wandel waren und durch Interaktionen zwischen verschiedenen Gemeinschaften und intellektuellen Traditionen geprägt waren. Der Einfluss der platonischen Philosophie, der jüdischen Mystik und der ägyptischen Religion ist in den Manuskripten zu erkennen und unterstreicht die synkretistische Natur des gnostischen

Denkens. Diese gegenseitige Befruchtung von Ideen unterstreicht die Vernetzung der antiken Welt und die Art und Weise, wie religiöse Überzeugungen als Reaktion auf veränderte Umstände angepasst und neu interpretiert wurden.

Die Nag Hammadi-Kodizes werfen auch wichtige Fragen zur Weitergabe und Bewahrung von Wissen auf. Die Umstände ihrer Beerdigung und Wiederentdeckung lassen darauf schließen, dass sie versteckt wurden, um sie vor Verfolgung zu schützen, möglicherweise in einer Zeit erhöhter Spannungen zwischen gnostischen und orthodoxen christlichen Gemeinschaften. Die Tatsache, dass diese Texte überhaupt überlebt haben, ist ein Beweis für die Widerstandskraft und Entschlossenheit derjenigen, die sie schätzten. Ihre Erhaltung ist eine eindringliche Erinnerung an die Fragilität des kulturellen Erbes und den anhaltenden Kampf um den Schutz und die Weitergabe unseres kollektiven intellektuellen Erbes.

Als Historiker lädt uns die Entdeckung der Nag-Hammadi-Kodizes dazu ein, die Grenzen der

Orthodoxie zu überdenken und den Pluralismus anzuerkennen, der die frühchristliche Bewegung kennzeichnete. Die Texte fordern uns heraus, unseren Horizont zu erweitern und die Komplexität und Vielfalt der menschlichen spirituellen Erfahrung anzunehmen. Sie laden uns ein, Fragen zu stellen, zu erforschen und eine tiefere Verbindung mit dem Göttlichen zu suchen, geleitet vom Licht der Gnosis.

Die Kodizes von Nag Hammadi bieten nicht nur eine Fundgrube an historischen und theologischen Erkenntnissen, sondern auch ein tiefgreifendes spirituelles Erbe, das bei zeitgenössischen Wahrheitssuchern weiterhin Anklang findet. Ihre Themen des spirituellen Erwachens, der Suche nach innerem Wissen und der Suche nach göttlicher Weisheit sprechen universelle menschliche Erfahrungen und Bestrebungen an. In einer Welt, die von schnellem Wandel und Unsicherheit geprägt ist, bietet die in den Kodizes enthaltene zeitlose Weisheit Orientierung und Inspiration für diejenigen, die sich auf dem Weg der Selbstfindung und des spirituellen Wachstums befinden.

Indem wir die Entdeckung und Bedeutung der Nag-Hammadi-Kodizes erforschen, begeben wir uns auf eine Reise durch die Tiefen des gnostischen Denkens und entdecken die tiefgreifenden Einsichten und spirituellen Schätze, die in diesen alten Manuskripten schlummern. Jedes Kapitel dieses Buches befasst sich mit bestimmten Texten und Themen und beleuchtet deren historischen Kontext, theologische Bedeutung und dauerhafte Relevanz. Von den mystischen Lehren des Thomasevangeliums bis hin zu den kosmischen Visionen des Geheimen Buches des Johannes werden wir durch die reiche und vielschichtige Tradition des Gnostizismus reisen und dabei das Erbe derer würdigen, die diese Texte bewahrt haben, sowie das andauernde Streben nach Wissen und Verständnis darüber Sie repräsentieren.

Die Entdeckung der Nag-Hammadi-Kodizes ist ein Beweis für die anhaltende Kraft des menschlichen Geistes und den unstillbaren Durst nach Wahrheit. Wenn wir uns mit den Texten befassen, werden wir an die Widerstandsfähigkeit und Entschlossenheit derer erinnert, die ihr spirituelles Erbe trotz Verfolgung und Widrigkeiten bewahren wollten. Ihr Erbe lädt uns ein, die Komplexität und Vielfalt unserer eigenen spirituellen Reise anzunehmen, geleitet von der zeitlosen Weisheit der Vergangenheit und den Möglichkeiten der Gegenwart.

Kapitel 2

Der historische Kontext von Nag Hammadi

Das alte Ägypten: Ein kultureller und religiöser Schmelztiegel

Um die Bedeutung der Nag-Hammadi-Kodizes zu verstehen, müssen wir zunächst in die lebendige und komplexe Welt des alten Ägypten eintauchen, wo diese bemerkenswerten Texte verborgen waren. Das alte Ägypten mit seiner langen und bewegten Geschichte war ein kultureller und religiöser Schmelztiegel. Als die Kodizes im 4. Jahrhundert n. Chr. vergraben wurden, hatte Ägypten bereits Jahrtausende religiöser Entwicklung, Eroberung und kulturellem Austausch hinter sich.

Die religiöse Landschaft Ägyptens war besonders reichhaltig und durch eine Mischung aus indigenem Glauben und den Einflüssen verschiedener Eroberer und Händler gekennzeichnet. Die alten Ägypter verehrten ein Pantheon von Göttern und Göttinnen, die jeweils mit bestimmten Aspekten des Lebens und der Natur verbunden waren. Tempel, die diesen Gottheiten gewidmet waren, waren Zentren des religiösen, sozialen und wirtschaftlichen Lebens. Auch die ägyptische Religion legte großen Wert auf das Leben nach dem Tod, mit aufwändigen Bestattungspraktiken und Texten wie dem Totenbuch, die den Verstorbenen auf seiner Reise in die nächste Welt leiten.

Die Ankunft griechischer und römischer Einflüsse führte zu einer weiteren Diversifizierung des religiösen und kulturellen Milieus Ägyptens. Nach der Eroberung durch Alexander den Großen im Jahr 332 v. Chr. wurde Ägypten unter der Herrschaft der Ptolemäer ein hellenistisches Königreich. In dieser Zeit kam es zu einer Verschmelzung griechischer und ägyptischer religiöser Traditionen, die durch die Verehrung von Gottheiten wie

Serapis verkörpert wurde, die Aspekte beider Kulturen vereinten. Alexandria, die Hauptstadt Ägyptens, entwickelte sich zu einem blühenden Zentrum des Lernens und der Kultur, beherbergte die berühmte Bibliothek von Alexandria und war ein Zentrum für philosophische und religiöse Diskurse.

Die römische Eroberung Ägyptens im Jahr 30 v. Chr. brachte zusätzliche Komplexitätsebenen mit sich. Die römische Herrschaft führte neue Verwaltungsstrukturen, Wirtschaftssysteme und kulturelle Praktiken ein. Die Verbreitung der römischen Religion und die Eingliederung ägyptischer Gottheiten in das römische Pantheon bereicherten die religiöse Landschaft weiter. Es bereitete jedoch auch die Bühne für den möglichen Konflikt zwischen traditionellen heidnischen Praktiken und dem aufkommenden christlichen Glauben.

Der Einfluss des Römischen Reiches auf das frühe Christentum

Das Römische Reich mit seinen riesigen Territorien und seiner vielfältigen Bevölkerung bildete den Hintergrund für die Entstehung und Verbreitung des frühen Christentums. Die Pax Romana, eine Zeit relativen Friedens und Stabilität, erleichterte die Bewegung von Menschen und Ideen im gesamten Reich. Römische Straßen und Seewege ermöglichten die Verbreitung christlicher Lehren von Judäa in entfernte Provinzen, einschließlich Ägypten.

Trotz der Infrastruktur und Verwaltungseffizienz des Reiches standen die frühen Christen vor großen Herausforderungen. Der monotheistische Glaube des Christentums und die Weigerung, am Kaiserkult teilzunehmen oder die römischen Götter zu verehren, bringen Christen oft in Konflikt mit den römischen Autoritäten. Obwohl sporadisch und örtlich begrenzt, waren Verfolgungen eine ständige Bedrohung. Das Märtyrertum wurde zu einem starken Symbol des

Glaubens und der Widerstandsfähigkeit innerhalb der christlichen Gemeinschaft.

Ägypten mit seiner etablierten jüdischen Bevölkerung und der Tradition religiöser Vielfalt wurde zu einem fruchtbaren Boden für die Verbreitung des Christentums. Insbesondere Alexandria entwickelte sich zu einem wichtigen Zentrum des christlichen Denkens und der christlichen Wissenschaft. Die Stadt war die Heimat einflussreicher Theologen und Philosophen wie Clemens von Alexandria und Origenes, die versuchten, die christliche Lehre angesichts heidnischer und ketzerischer Herausforderungen zu artikulieren und zu verteidigen.

Die Interaktion zwischen dem Christentum und den bestehenden religiösen Traditionen in Ägypten führte zu einer einzigartigen Ideensynthese. In dieser Zeit entwickelten sich verschiedene theologische Perspektiven, darunter der Gnostizismus, der die christlichen Lehren mit der platonischen Philosophie und anderen esoterischen Traditionen in Einklang bringen wollte. Die Nag Hammadi-Kodizes mit ihrer Mischung aus christlichen und gnostischen Texten spiegeln dieses dynamische und pluralistische Umfeld wider.

Gnostische Gemeinschaften in der Antike

Der Gnostizismus mit seinem Schwerpunkt auf esoterischem Wissen und persönlicher spiritueller Erfahrung blühte im religiös vielfältigen und intellektuell lebendigen Kontext des alten Ägypten auf. Obwohl die gnostischen Gemeinschaften oft klein und verschwiegen waren, spielten sie in der Gesamtlandschaft des frühen Christentums eine bedeutende Rolle. Diese Gemeinschaften versuchten, die Natur des Göttlichen, des Kosmos und der menschlichen Seele anhand eines Rahmens zu verstehen und zu artikulieren, der oft in scharfem Kontrast zu den orthodoxen christlichen Lehren stand.

Im Zentrum des gnostischen Glaubens stand das Konzept der Gnosis – ein intuitives, erfahrungsbasiertes Wissen über das Göttliche. Gnostiker glaubten, dass dieses innere Wissen der Schlüssel zur spirituellen Befreiung sei und über die materielle Welt hinausgeht, die sie oft als Gefängnis betrachteten, das von einer geringeren, fehlerhaften Gottheit, dem Demiurgen, geschaffen wurde. Diese dualistische Weltanschauung, die den spirituellen Bereich vom materiellen trennte, stellte eine klare Alternative zur aufkommenden Orthodoxie der frühen Kirche dar.

Gnostische Texte, von denen viele in den Nag-Hammadi-Kodizes zu finden sind, enthüllen ein reiches Geflecht an Mythen, Kosmologien und theologischen Erkenntnissen. Das Geheime Buch des Johannes zum Beispiel bietet einen ausführlichen Schöpfungsmythos, der die Genesis-Geschichte neu interpretiert und eine komplexe Hierarchie göttlicher Wesen und ein kosmisches Drama von Fall und Erlösung darstellt. Das Thomasevangelium, ein weiterer Schlüsseltext, besteht aus Aussprüchen, die Jesus zugeschrieben werden und die direkte, persönliche Einsicht in die institutionelle Lehre betonen.

Gnostische Gemeinschaften waren oft vielseitig und stützten sich auf eine Vielzahl religiöser und philosophischer Traditionen. Die platonische Philosophie mit ihrer Betonung der Trennung des materiellen und des spirituellen Bereichs hatte einen tiefgreifenden Einfluss auf das gnostische Denken. Auch jüdische mystische Traditionen, insbesondere solche im Zusammenhang mit der apokalyptischen Literatur und dem Konzept der göttlichen Weisheit (Sophia), spielten eine bedeutende Rolle. Dieser Synkretismus ermöglichte es dem Gnostizismus, sich in verschiedenen kulturellen Kontexten anzupassen und zu gedeihen.

Trotz ihrer Vielfalt teilten die gnostischen Gemeinschaften einen gemeinsamen Schwerpunkt auf der transformativen Kraft des Wissens. Sie sahen sich als Hüter einer verborgenen Weisheit, die zu spiritueller Erleuchtung und Befreiung von der materiellen Welt führen konnte. Dieses Gefühl, über ein besonderes, esoterisches Wissen zu verfügen, unterscheidet Gnostiker oft von den christlichen

Mainstream-Gemeinschaften und führt zu Spannungen und Konflikten.

Die Entdeckung der Nag-Hammadi-Kodizes hat Wissenschaftlern unschätzbare Einblicke in die Überzeugungen, Praktiken und Schriften dieser gnostischen Gemeinschaften verschafft. Die Kodizes offenbaren die theologische Vielfalt und intellektuelle Kreativität, die das frühe Christentum prägten. Sie beleuchten auch die Art und Weise, wie gnostische Denker versuchten, grundlegende Fragen über die Natur der Existenz, das Problem des Bösen und den Weg zur Erlösung zu beantworten.

Der historische Kontext der Nag-Hammadi-Kodizes unterstreicht die dynamische und pluralistische Natur des frühchristlichen und gnostischen Denkens. Das religiöse und kulturelle Milieu des alten Ägypten, beeinflusst von griechischen, römischen und jüdischen Traditionen, bot einen fruchtbaren Boden für die Entwicklung und Verbreitung verschiedener theologischer Perspektiven. Die Interaktion zwischen diesen Traditionen, erleichtert durch die Infrastruktur und Konnektivität des Römischen Reiches, schuf einen reichen Teppich religiöser und philosophischer Ideen.

Als Historiker lädt uns das Studium der Nag-Hammadi-Kodizes dazu ein, die Komplexität und Vielfalt der frühchristlichen und gnostischen Gemeinschaften zu würdigen. Diese Texte fordern uns heraus, über die Grenzen der Orthodoxie hinauszuschauen und den Pluralismus zu erkennen, der die frühchristliche Bewegung kennzeichnete. Sie bieten einen Einblick in eine Welt, in der sich religiöse und philosophische Ideen ständig weiterentwickelten, geprägt durch kulturellen Austausch, intellektuelle Forschung und spirituelle Erkundung.

Durch die Erforschung des historischen Kontexts der Nag-Hammadi-Kodizes gewinnen wir ein tieferes Verständnis der Kräfte, die die Entwicklung des frühen Christentums und des Gnostizismus prägten. Die Kodizes spiegeln das Zusammenspiel von Tradition und Innovation, Kontinuität und Wandel wider, das die religiöse Landschaft der Antike prägte. Sie erinnern uns an die Widerstandsfähigkeit und Kreativität derjenigen, die angesichts von Widrigkeiten und Verfolgung versuchten, ihre spirituellen Erfahrungen zu verstehen und zu artikulieren.

Die Nag Hammadi-Kodizes fordern uns auch dazu auf, unsere eigenen Herangehensweisen an Spiritualität und religiösen Glauben zu überdenken. Sie laden uns ein, die reiche Vielfalt menschlicher religiöser Erfahrungen zu erkunden und eine tiefere Verbindung mit dem Göttlichen zu suchen. Damit würdigen wir das Vermächtnis derer, die diese Texte bewahrt haben, und das anhaltende Streben nach Wissen, Verständnis und spirituellem Wachstum, das sie repräsentieren.

Kapitel 3

Gnostizismus: Ein Überblick

Gnostizismus definieren: Überzeugungen und Praktiken

Der Gnostizismus ist eine der rätselhaftesten und tiefgründigsten spirituellen Traditionen, die aus der Antike hervorgegangen sind. Der Gnostizismus basiert auf dem Streben nach Gnosis oder göttlichem Wissen und stellt ein komplexes Netz von Überzeugungen und Praktiken dar, die darauf abzielten, die Geheimnisse der Existenz und des menschlichen Daseins zu erhellen. Im Kern geht der Gnostizismus davon aus, dass die materielle Welt grundsätzlich fehlerhaft oder illusorisch ist und von einer geringeren Gottheit geschaffen wurde, die oft als Demiurg bezeichnet wird. Diese Figur unterscheidet sich vom wahren, transzendenten Gott, der außerhalb der Grenzen des physischen Universums existiert.

Im Mittelpunkt des gnostischen Glaubens steht die Vorstellung des Dualismus, einer starken Trennung zwischen der materiellen und der spirituellen Welt. Gnostiker betrachteten die materielle Welt als ein Gefängnis für die Seele, einen Ort des Leidens und der Unwissenheit. Sie glaubten, dass die wahre Essenz der Menschheit ein göttlicher Funke sei, der in diesem materiellen Gefängnis gefangen sei. Befreiung und Erlösung wurden daher nicht durch das Festhalten an äußeren Ritualen oder Dogmen erreicht, sondern durch inneres Erwachen und den Erwerb von Gnosis. Diese Gnosis war eine erfahrungsmäßige, intuitive Erkenntnis des Göttlichen, eine direkte und persönliche Begegnung mit der ultimativen Wahrheit.

Die gnostische Kosmologie ist reichhaltig und ausgefeilt und beinhaltet oft eine komplexe Hierarchie göttlicher Wesen und Emanationen. Diese Emanationen, bekannt als Äonen, existieren in einem Reich des Lichts und sind Erweiterungen der wahren Natur Gottes. Unter diesen Äonen spielt Sophia (Weisheit) in vielen gnostischen Mythen eine entscheidende Rolle. Einer prominenten

Erzählung zufolge löste Sophias Sturz in Ungnade und ihre anschließende Verstrickung mit der materiellen Welt die Erschaffung des Demiurgen und des materiellen Kosmos aus. Dieser Mythos dient dazu, die Präsenz des Bösen und des Leids in der Welt zu erklären und unterstreicht das gnostische Streben nach Wiedervereinigung mit der göttlichen Quelle.

Die gnostischen Praktiken waren sehr unterschiedlich und spiegelten die Vielfalt der gnostischen Gemeinschaften und ihre Anpassungen an unterschiedliche kulturelle Kontexte wider. Zu den gängigen Praktiken gehörten Askese, Meditation und der Einsatz symbolischer Rituale, die das innere Wissen des Einzelnen wecken sollten. Viele Gnostiker machten ausgefeilte visionäre Erfahrungen und mystische Reisen, die oft in anschaulicher und symbolischer Sprache beschrieben wurden. Diese Praktiken sollten die Beschränkungen der materiellen Welt überwinden und eine direkte Verbindung mit dem Göttlichen ermöglichen.

Das Streben nach Gnosis war zutiefst persönlich und oft geheimnisvoll und führte zur Bildung eng verbundener Gemeinschaften, die esoterisches Wissen und spirituelle Transformation schätzten. Gnostiker betrachteten sich als spirituelle Elite, die dazu auserwählt war, verborgene Wahrheiten zu empfangen und zu bewahren. Dieses besondere Wissen und Ziel unterschied sie von den Mainstream-Religionsgemeinschaften und führte oft zu Spannungen und Konflikten mit orthodoxen Autoritäten.

Wichtige gnostische Texte und ihre Bedeutung

Die Nag-Hammadi-Kodizes, die 1945 in der Nähe der Stadt Nag Hammadi in Oberägypten entdeckt wurden, stellen eine der bedeutendsten Sammlungen gnostischer Texte dar. Diese Kodizes bieten einen einzigartigen Einblick in die vielfältige und lebendige Welt des Gnostizismus und bewahren eine Fülle von Schriften, die im Laufe der Jahrhunderte größtenteils verloren gegangen oder unterdrückt wurden. Die in der Nag Hammadi-Bibliothek gefundenen Texte decken ein breites Themenspektrum ab, von kosmologischen Mythen und theologischen Abhandlungen bis hin zu mystischen Gedichten und Aussprüchen Jesu.

Einer der wichtigsten Texte in der Sammlung von Nag Hammadi ist das „Geheime Buch des Johannes" (Apokryphon des Johannes). Dieses Werk liefert einen detaillierten gnostischen Schöpfungsmythos, der die komplexe Hierarchie göttlicher Wesen und den Fall Sophias umreißt. Es beschreibt die Erschaffung der materiellen Welt durch den Demiurgen und die Gefangenschaft des göttlichen Funkens im Menschen. Das „Geheime Buch des Johannes" ist ein grundlegender Text zum Verständnis der gnostischen Kosmologie und Anthropologie und bietet tiefe Einblicke in die Natur der Existenz und den Weg zur Erlösung.

Ein weiterer Schlüsseltext ist das „Thomasevangelium", eine Sammlung von Sprüchen, die Jesus zugeschrieben werden. Im Gegensatz zu den kanonischen Evangelien legt das „Thomasevangelium" den Schwerpunkt auf direkte, persönliche Einsichten über Erzählungen und

Lehren. Es stellt Jesus als einen Lehrer verborgener Weisheit dar und fordert seine Anhänger auf, das Göttliche in sich selbst zu suchen. Dieser Text unterstreicht die gnostische Betonung des inneren Wissens und der transformativen Kraft der spirituellen Erleuchtung.

Das „Evangelium des Philippus" ist ein weiteres bedeutendes Werk, das eine Reihe mystischer Überlegungen über die Natur der Sakramente und den spirituellen Weg bietet. Es erforscht Themen der göttlichen Vereinigung, die Rolle des Weiblichen bei der spirituellen Transformation und die symbolische Bedeutung von Ritualen wie der Taufe und der Eucharistie. Das „Evangelium des Philippus" bietet eine reichhaltige und differenzierte Perspektive auf die gnostische Spiritualität und betont die Bedeutung von Erfahrungswissen und persönlicher Transformation.

„Thunder, Perfect Mind" ist ein einzigartiger und rätselhafter Text, der Elemente der Poesie, Prophezeiung und Selbstoffenbarung vereint. Es präsentiert eine kraftvolle weibliche Stimme, die sowohl als Quelle der Weisheit als auch als Verkörperung des Paradoxons spricht. Dieser Text stellt konventionelle Vorstellungen von Identität in Frage und lädt Leser ein, die tieferen Dimensionen ihrer eigenen spirituellen Reise zu erkunden.

Die „Hypostasis der Archonten" ist ein weiteres bemerkenswertes Werk, das eine gnostische Interpretation der Schöpfungsgeschichte der Genesis bietet. Es beschreibt die feindlichen Mächte oder Archonten, die die materielle Welt regieren und den Aufstieg der Seele in das göttliche Reich behindern. Dieser Text unterstreicht die gnostische Sicht der Welt als einen Ort des Kampfes und der Täuschung, an dem wahres Wissen und Befreiung durch inneres Erwachen erlangt werden.

Diese Texte bieten zusammen mit vielen anderen in der Nag Hammadi-Bibliothek einen reichen und vielfältigen Teppich gnostischen Denkens. Sie enthüllen eine Tradition, die zutiefst philosophisch, mystisch und oft gegenkulturell ist und die vorherrschenden religiösen und sozialen Normen der Zeit in Frage stellt. Die Bewahrung und das Studium dieser Texte haben unser Verständnis der frühchristlichen und gnostischen Spiritualität erheblich bereichert und wertvolle Einblicke in die Suche nach Wissen und Transzendenz gegeben.

Gnostizismus vs. orthodoxes Christentum

Die Beziehung zwischen Gnostizismus und orthodoxem Christentum ist komplex und oft umstritten. Das Christentum zeichnete sich seit seinen Anfängen durch eine Vielfalt an Glaubensvorstellungen und Praktiken aus. Als die christliche Bewegung wuchs und sich ausbreitete, stieß sie auf verschiedene kulturelle und philosophische Einflüsse und absorbierte sie, was zur Entwicklung vielfältiger theologischer Perspektiven führte. Unter diesen entwickelte sich der Gnostizismus zu einer eigenständigen und einflussreichen Tradition, die eine alternative Vision des christlichen Glaubens und der christlichen Praxis bot.

Einer der Hauptstreitpunkte zwischen Gnostizismus und orthodoxem Christentum liegt in ihrem jeweiligen Verständnis der Natur Gottes und der materiellen Welt. Das orthodoxe Christentum, wie es in den Glaubensbekenntnissen und Lehren der frühen Kirche zum Ausdruck kommt, bekräftigt die Güte der Schöpfung und die Einheit des Göttlichen. Es lehrt, dass Gott in seiner unendlichen Weisheit und Liebe die Welt erschuf und in Jesus Christus Mensch wurde, um die Menschheit zu erlösen. Auch wenn die materielle Welt durch die Sünde gefallen und verunstaltet ist, ist sie letztendlich gut und für die Wiederherstellung bestimmt.

Im Gegensatz dazu präsentiert der Gnostizismus oft eine dualistische Weltanschauung, die eine radikale Trennung zwischen dem materiellen und dem spirituellen Bereich postuliert. Gnostiker betrachten die materielle Welt als die Schöpfung einer geringeren, fehlerhaften Gottheit und betrachten die menschliche Existenz als einen Zustand der Gefangenschaft und Entfremdung. Für Gnostiker bedeutet die Erlösung, die materielle Welt zu transzendieren und durch den Erwerb der Gnosis zum wahren, transzendenten Gott zurückzukehren. Diese dualistische Perspektive stellt die orthodoxe christliche Behauptung der Güte der Schöpfung und der Inkarnation in Frage.

Ein weiterer wesentlicher Unterschied liegt im Verständnis von Jesus und seiner Rolle bei der Erlösung. Das orthodoxe Christentum lehrt, dass Jesus der fleischgewordene Sohn Gottes ist, völlig göttlich und völlig menschlich, der kam, um die Menschheit durch sein Leben, seinen Tod und seine Auferstehung zu retten. Die Sakramente und Lehren der Kirche gelten als Gnadenmittel, durch die die Gläubigen am göttlichen Leben teilhaben und das Heil erlangen.

Der Gnostizismus hingegen präsentiert oft eine andere Sicht auf Jesus. In vielen gnostischen Texten wird Jesus als Offenbarer verborgenen Wissens dargestellt, als göttlicher Bote, der kommt, um den göttlichen Funken in der Menschheit zu erwecken. Seine Lehren betonen die innere Transformation und die direkte Erkenntnis des

Göttlichen. Gnostiker könnten die Kreuzigung und Auferstehung symbolisch interpretieren, als Darstellung der Reise der Seele von der Unwissenheit zur Erleuchtung, und nicht als historische Ereignisse mit erlösender Bedeutung.

Die gnostische Betonung des persönlichen Erfahrungswissens steht auch im Gegensatz zu den gemeinschaftlichen und sakramentalen Aspekten des orthodoxen Christentums. Gnostiker legen Wert auf innere Offenbarung und mystische Erfahrung und suchen oft durch Meditation, Visionen und esoterische Praktiken nach direkten Begegnungen mit dem Göttlichen. Das orthodoxe Christentum erkennt zwar auch die Bedeutung des persönlichen Glaubens und des spirituellen Wachstums an, legt jedoch großen Wert auf die Gemeinschaft der Gläubigen, die Autorität der Heiligen Schrift und der Tradition sowie das sakramentale Leben der Kirche.

Diese theologischen Unterschiede führten zu erheblichen Konflikten zwischen gnostischen und orthodoxen christlichen Gemeinschaften. Frühe Kirchenführer wie Irenäus von Lyon lehnten die gnostischen Lehren energisch ab und betrachteten sie als ketzerische Verzerrungen des wahren christlichen Glaubens. Irenäus' Werk „Gegen Häresien" ist eine der wichtigsten Informationsquellen über gnostische Überzeugungen und Praktiken, präsentiert sie jedoch aus einer kritischen und polemischen Perspektive.

Trotz dieser Konflikte beeinflusste der Gnostizismus weiterhin das christliche Denken und die christliche Spiritualität auf verschiedene Weise. Elemente der gnostischen Theologie und Kosmologie finden sich in späteren mystischen und esoterischen Traditionen wie der Kabbala, der Hermetik und den Werken frühneuzeitlicher Mystiker wie Jakob Böhme und Meister Eckhart. Die Wiederentdeckung der Nag-Hammadi-Kodizes im 20. Jahrhundert hat das Interesse am gnostischen Denken weiter geweckt und Gelehrte und spirituelle Suchende dazu veranlasst, seine Bedeutung und sein Erbe erneut zu untersuchen.

Als Historiker lädt uns das Studium des Gnostizismus dazu ein, die reiche und vielfältige Landschaft des frühen christlichen Denkens zu erkunden. Es fordert uns heraus, die Pluralität der Überzeugungen und Praktiken zu erkennen, die die frühchristliche Bewegung kennzeichneten, und die Art und Weise zu würdigen, in der diese unterschiedlichen Traditionen zur Entwicklung der christlichen Theologie und Spiritualität beigetragen haben. Die Spannung zwischen Gnostizismus und orthodoxem Christentum spiegelt umfassendere Fragen zur Natur des Glaubens, des Wissens und der Erlösung wider – Fragen, die im zeitgenössischen religiösen und philosophischen Diskurs weiterhin nachhallen.

Kapitel 4

Das Thomasevangelium: Eine gnostische Perspektive auf Jesus

Ein tiefer Blick auf den Text

Das Thomasevangelium gilt als einer der faszinierendsten und rätselhaftesten Texte unter den Kodizes von Nag Hammadi. Im Gegensatz zu den kanonischen Evangelien von Matthäus, Markus, Lukas und Johannes erzählt das Thomasevangelium nicht das Leben, den Tod und die Auferstehung Jesu. Stattdessen handelt es sich um eine Sammlung von 114 Jesus zugeschriebenen Aussprüchen, von denen viele zutiefst mystisch und esoterisch sind. Dieser Text bietet einen einzigartigen Einblick in die Vielfalt des frühchristlichen Denkens und bietet eine eindeutige gnostische Perspektive auf die Lehren Jesu.

Das Thomasevangelium beginnt mit einer einfachen, aber provokanten Aussage: „Dies sind die geheimen Aussprüche, die der lebende Jesus sprach und die Didymos Judas Thomas aufzeichnete." Diese Einleitung gibt den Ton für den gesamten Text vor und betont den geheimen und offenbarenden Charakter der Sprüche. Als Empfänger dieser verborgenen Lehren wird die Figur des Didymos Judas Thomas dargestellt, der oft mit dem Apostel Thomas gleichgesetzt wird. Die Verwendung des Namens „Didymos", der auf Griechisch „Zwilling" bedeutet, trägt zusätzlich zu den symbolischen und mystischen Dimensionen des Textes bei und deutet auf eine tiefere, duale Natur von Verständnis und Wissen hin.

Die Sprüche selbst werden ohne narrativen Kontext oder Erklärung präsentiert und erfordern vom Leser Kontemplation und Interpretation. Einige Aussprüche ähneln stark denen in den kanonischen Evangelien, während andere nur bei Thomas vorkommen und eindeutig gnostische Themen widerspiegeln. Zum Beispiel heißt es in Spruch 1: „Wer die Interpretation dieser Sprüche findet, wird den Tod nicht erleben." Diese Behauptung bringt die gnostische Betonung des inneren Wissens und der transformativen Kraft des Verstehens auf den Punkt.

Aussage 3 verdeutlicht dieses Thema weiter: „Wenn diejenigen, die dich führen, zu dir sagen: ‚Siehe, das Königreich ist im Himmel', dann werden die Vögel des Himmels dir vorauseilen. Wenn sie zu dir sagen: ‚Es ist im Meer.' Dann wird der Fisch dir vorausgehen. Vielmehr ist das Königreich in dir und außerhalb von dir. Wenn du dich selbst kennenlernst, wirst du erkennen, dass du es bist, der die Kinder ist des lebendigen Vaters." Dieses Sprichwort bringt den Kerngnostischen Glauben auf den Punkt, dass das göttliche Königreich keine äußere, ferne Realität, sondern ein innerer Seinszustand ist. Es betont die Bedeutung der Selbsterkenntnis und der Anerkennung der eigenen göttlichen Natur.

Ein anderer bedeutender Ausspruch, Spruch 22, erklärt: „Wenn du die beiden eins machst und wenn du das Innere wie das Äußere und das Äußere wie das Innere machst und das Oben wie das Unten und wenn du das Männliche und das Weibliche eins machst." und das Gleiche, damit der Mann nicht männlich und die Frau nicht weiblich ist, dann wirst du in das Königreich eingehen. Dieses Sprichwort spiegelt das gnostische Thema der Einheit und der Transzendenz der Dualitäten wider. Es schlägt einen Weg der spirituellen Integration und Ganzheit vor, auf dem Gegensätze versöhnt werden und der Einzelne einen Zustand göttlicher Vollständigkeit erreicht.

Das Thomasevangelium enthält auch Sprüche, die herkömmliche religiöse und soziale Normen in Frage stellen. In 39 wird beispielsweise vor den Gefahren religiöser Autoritäten gewarnt: „Die Pharisäer und die Schriftgelehrten haben die Schlüssel der Erkenntnis genommen und sie verborgen. Sie selbst sind nicht hineingegangen, und sie haben auch denen nicht hineingelassen, die es wollten." Diese Kritik an religiösen Führern steht im Einklang mit dem gnostischen Misstrauen gegenüber externen Autoritäten und Institutionen und plädiert stattdessen für einen direkten, persönlichen Zugang zu spirituellem Wissen.

Im gesamten Thomasevangelium wird die Gestalt Jesu nicht als Retter dargestellt, der durch seinen Tod und seine Auferstehung Erlösung anbietet, sondern als Offenbarer verborgener Weisheit. Er spricht in Rätseln und Gleichnissen und fordert seine Zuhörer auf, über den Tellerrand hinauszuschauen und nach einem tieferen Verständnis zu suchen. Diese Darstellung von Jesus als Lehrer esoterischen Wissens spiegelt die gnostische Betonung der inneren Transformation und der direkten Erfahrung des Göttlichen wider.

Vergleich des Thomasevangeliums mit kanonischen Evangelien

Das Thomasevangelium bietet im Vergleich zu den kanonischen Evangelien eine auffallend andere Perspektive auf Jesus und seine Lehren. Obwohl es bemerkenswerte Ähnlichkeiten gibt, unterstreichen die

Unterschiede die Vielfalt des frühchristlichen Denkens und die Besonderheit der gnostischen Tradition.

Einer der bedeutendsten Unterschiede ist das Fehlen eines narrativen Rahmens im Thomasevangelium. Die kanonischen Evangelien folgen einem linearen Verlauf und erzählen von der Geburt, dem Wirken, der Kreuzigung und der Auferstehung Jesu. Im Gegensatz dazu präsentiert das Thomasevangelium eine Reihe von Sprüchen ohne jeglichen narrativen Kontext. Dieses Format spiegelt den gnostischen Fokus auf die Lehren selbst und nicht auf die Ereignisse im Leben Jesu wider.

Auch die Darstellung Jesu im Thomasevangelium ist deutlich anders. In den kanonischen Evangelien wird Jesus als der fleischgewordene Sohn Gottes dargestellt, dessen Mission es ist, der Menschheit durch seinen Opfertod und seine Auferstehung Erlösung zu bringen. Seine Lehren betonen oft Themen wie Liebe, Vergebung und das Kommen des Reiches Gottes. Das Thomasevangelium stellt Jesus jedoch vor allem als Weisheitslehrer dar, dessen Worte den göttlichen Funken in seinen Anhängern erwecken sollen. Diese Betonung des inneren Wissens und der Selbstfindung ist ein Markenzeichen der gnostischen Spiritualität.

Viele Sprüche im Thomasevangelium ähneln denen in den kanonischen Evangelien, weisen jedoch erhebliche Unterschiede in Wortlaut und Betonung auf. Im Thomasspruch 20 heißt es zum Beispiel: „Die Jünger sagten zu Jesus: ‚Sage uns, wie das Himmelreich ist.' Er sagte zu ihnen: „Es ist wie ein Senfkorn, das kleinste aller Samen, aber wenn es auf den bearbeiteten Boden fällt, bringt es eine große Pflanze hervor und wird zu einem Unterschlupf für die Vögel des Himmels." eine findet sich in den synoptischen Evangelien (Matthäus 13:31-32, Markus 4:30-32, Lukas 13:18-19), aber die Version bei Thomas betont das transformative Potenzial des Reiches im Inneren.

Ein weiteres Beispiel ist Spruch 77, in dem es heißt: „Jesus sagte: ‚Ich bin das Licht, das über allen Dingen ist. Ich bin alles: aus mir ist alles hervorgegangen, und alles ist zu mir gelangt. Spaltt ein Stück Holz; ich bin da." Hebe den Stein hoch, und du wirst mich dort finden.'" Dieses Sprichwort spiegelt die johanneische Vorstellung von Jesus als dem präexistenten Wort und Licht der Welt wider (Johannes 1:1-5, 8:12), legt aber einen größeren Schwerpunkt über die Immanenz des Göttlichen in allen Dingen, ein Schlüsselthema im gnostischen Denken.

Das Thomasevangelium enthält auch Sprüche, die in den kanonischen Evangelien fehlen und von denen viele deutlich gnostische Ideen vermitteln. In 29 heißt es zum Beispiel: „Jesus sagte: ‚Wenn das Fleisch durch den Geist entstanden ist, ist es ein Wunder. Aber wenn der Geist durch den Körper entstanden ist, ist es ein Wunder aller Wunder. Das bin ich tatsächlich.' erstaunt darüber, wie sich dieser große Reichtum in dieser Armut niedergelassen hat.'" Dieses Sprichwort spiegelt die gnostische Sichtweise des materiellen Körpers als Gefäß für den göttlichen Geist wider und unterstreicht das Paradox der spirituellen und materiellen Bereiche.

Die Unterschiede zwischen dem Thomasevangelium und den kanonischen Evangelien veranschaulichen die Vielfalt des frühchristlichen Glaubens und die Fluidität theologischer Konzepte während der Gründungsperiode des Christentums. Während die kanonischen Evangelien schließlich von der entstehenden orthodoxen Kirche als maßgeblich anerkannt wurden, wurden das Thomasevangelium und andere gnostische Texte an den Rand gedrängt und oft als ketzerisch verurteilt. Dieser Prozess der Heiligsprechung und Ausgrenzung prägte die Entwicklung der christlichen Lehre und die Grenzen der Orthodoxie.

Die verborgenen Lehren Jesu

Einer der überzeugendsten Aspekte des Thomasevangeliums ist die Darstellung der Lehren Jesu als verborgene oder geheime Weisheit. Diese Betonung esoterischen Wissens ist ein charakteristisches Merkmal des Gnostizismus und unterscheidet das Thomasevangelium von den öffentlicheren und zugänglicheren Lehren der kanonischen Evangelien.

Das Konzept der verborgenen Lehren wird im allerersten Ausspruch des Thomasevangeliums eingeführt: „Wer die Auslegung dieser Aussprüche findet, wird den Tod nicht erleben." Diese Aussage legt nahe, dass die wahre Bedeutung der Worte Jesu unter der Oberfläche liegt und Einsicht und Urteilsvermögen erfordern, um sie aufzudecken. Das Versprechen, den Tod durch Verständnis zu überwinden, steht im Einklang mit dem gnostischen Glauben an spirituelle Befreiung und die Transzendenz der materiellen Welt.

Mehrere Aussprüche im Thomasevangelium betonen, wie wichtig es ist, dieses verborgene Wissen zu suchen und zu finden. In Satz 2 heißt es zum Beispiel: „Jesus sagte: ‚Wer sucht, fahre fort zu suchen, bis er findet. „Dieses Sprichwort beschreibt eine fortschreitende Reise der spirituellen Entdeckung, die von Beharrlichkeit, innerem Aufruhr und letztendlich Erleuchtung und Meisterschaft geprägt ist.

Die verborgenen Lehren Jesu im Thomasevangelium stellen oft konventionelle religiöse und moralische Normen in Frage. In der Aussage 6 heißt es: „Seine Jünger fragten ihn und sagten zu ihm: ‚Möchtest du, dass wir fasten? Wie sollen wir beten? Sollen wir Almosen geben? Welche Diät sollen wir einhalten?‘ Jesus sagte: ‚Erzähle keine Lügen und tue nicht, was du hasst, denn alles ist klar vor den Augen des Himmels, denn nichts Verborgenes wird nicht offenbar werden, und nichts Verborgenes wird bleiben, ohne enthüllt zu werden.‘" Diese Reaktion ändert sich Der Fokus liegt von äußeren religiösen Praktiken auf innerer Integrität und Authentizität und betont die Bedeutung der Ausrichtung der eigenen Handlungen auf das wahre Selbst.

Die Aussage 113 unterstreicht das Thema des verborgenen Wissens noch weiter: „Seine Jünger sagten zu ihm: ‚Wann wird das Königreich kommen?‘ Jesus sagte: „Es wird nicht kommen, indem man darauf wartet." „Sieh es nicht." Dieses Sprichwort offenbart eine wichtige gnostische Erkenntnis: Das göttliche Königreich ist kein zukünftiges Ereignis oder eine äußere Realität, sondern eine gegenwärtige und verborgene Dimension der Existenz, die durch spirituelles Erwachen wahrgenommen werden kann.

Das Thomasevangelium präsentiert auch eine Vision von Jesus als Offenbarer des göttlichen Lichts in jedem Menschen. In 24 heißt es: „Seine Jünger sagten zu ihm: ‚Zeige uns den Ort, an dem du bist, denn wir müssen ihn suchen.' Er sagte zu ihnen: „Wer Ohren hat, der höre." In einem Menschen des Lichts steckt Licht, und wenn er nicht leuchtet, ist er Dunkelheit." Dieses Sprichwort unterstreicht den Glauben der Gnostiker Jeder Einzelne besitzt ein inneres göttliches Licht und die Erkenntnis und Manifestation dieses Lichts ist der Schlüssel zur spirituellen Transformation.

Die verborgenen Lehren Jesu im Thomasevangelium laden die Leser ein, sich auf eine Reise der Selbstfindung und inneren Erleuchtung zu begeben. Sie fordern uns heraus, über die Oberfläche konventioneller religiöser Überzeugungen und Praktiken hinauszuschauen und nach den tieferen Wahrheiten zu suchen, die darin liegen.

Diese gnostische Perspektive bietet eine zutiefst mystische und transformative Vision des Christentums, die persönliche Erfahrung und direkte Kenntnis des Göttlichen betont.

Kapitel 5

Das geheime Buch Johannes: Gnostische Schöpfungsmythen

Erforschung der Ursprünge des Universums

Das Geheime Buch des Johannes, auch bekannt als das Apokryphon des Johannes, ist einer der bedeutendsten und umfassendsten gnostischen Texte, die unter den Kodizes von Nag Hammadi entdeckt wurden. Dieses bemerkenswerte Werk bietet eine komplexe und komplexe Darstellung der Ursprünge des Universums und präsentiert eine Weltanschauung, die sowohl zutiefst mystisch als auch zutiefst philosophisch ist. Im Gegensatz zu den Schöpfungserzählungen in den kanonischen Texten des Judentums und des Christentums weben die gnostischen Schöpfungsmythen im Geheimen Buch Johannes ein Geflecht aus göttlichen Wesen, kosmischen Bereichen und spirituellen

Wahrheiten, die konventionelle religiöse Paradigmen in Frage stellen.

Das Geheime Buch des Johannes beginnt mit einer Vision der höchsten, unbeschreiblichen Quelle allen Seins, die oft als die Monade oder das Eine bezeichnet wird. Dieses transzendente Wesen liegt jenseits aller Attribute und Beschreibungen und stellt die ultimative Quelle des Lichts, des Lebens und des Bewusstseins dar. Der Text betont die unerkennbare und unbeschreibliche Natur der Monade und stellt sie als den absoluten und reinen Ursprung dar, aus dem alle Dinge hervorgehen. Dieses Konzept einer höchsten, unbeschreiblichen Quelle ist ein grundlegendes Element der gnostischen Kosmologie und unterstreicht die Unterscheidung zwischen der höchsten göttlichen Realität und der materiellen Welt.

Aus der Monade geht eine Reihe göttlicher Wesen hervor, die als Äonen bekannt sind und Aspekte oder Manifestationen der göttlichen Essenz sind. Diese Äonen werden sowohl als männliche als auch als weibliche

Wesen personifiziert, was die gnostische Betonung des Gleichgewichts und der Einheit der Gegensätze widerspiegelt. Die erste und bedeutendste dieser Äonen ist Barbelo, die das göttliche weibliche Prinzip repräsentiert und oft als Mutter oder Schoß der gesamten Schöpfung beschrieben wird. Barbelo ist eine zentrale Figur im Geheimen Buch des Johannes und verkörpert Weisheit, Mitgefühl und schöpferische Kraft.

Der Text beschreibt, wie die Monade durch Barbelo eine Reihe weiterer Äonen erzeugt, die jeweils unterschiedliche Aspekte göttlicher Intelligenz und Macht repräsentieren. Zu diesen Äonen gehört Christus, der göttliche Logos oder das Wort, der eine entscheidende Rolle bei der Erschaffung und Erlösung des Kosmos spielt. Die Emanation der Äonen erschafft ein Pleroma oder eine Fülle, einen göttlichen Bereich des Lichts und der Harmonie, in dem diese Wesen in vollkommener Einheit und Gemeinschaft mit der Monade existieren.

Die Rolle göttlicher Wesen und Äonen

Der gnostische Schöpfungsmythos nimmt eine dramatische Wendung mit der Einführung eines störenden Ereignisses innerhalb des Pleroma. Eines der niederen Äonen, Sophia (was „Weisheit" bedeutet), handelt unabhängig aus dem Wunsch heraus, die unerkennbare Monade kennenzulernen. Dieser Akt der Hybris führt zur Erschaffung eines fehlerhaften und unvollkommenen Wesens namens Jaldabaoth, das auch als Demiurg bezeichnet wird. Jaldabaoth wird als ignorantes und arrogantes Wesen dargestellt, das sich der höheren göttlichen Bereiche nicht bewusst ist und fälschlicherweise glaubt, er sei der einzige Schöpfer des Universums.

Jaldabaoth erschafft die materielle Welt und formt sie in Unwissenheit und Unvollkommenheit. Er wird oft mit dem Gott der hebräischen Bibel identifiziert, was die gnostische Kritik an konventioneller religiöser Autorität und der materiellen Welt widerspiegelt. Das Geheime Buch des Johannes stellt Jaldabaoth als eine blinde und böswillige Gestalt dar, die menschliche Seelen im materiellen Bereich gefangen hält und sie über ihre göttliche Herkunft im Unklaren lässt.

Bei seiner Erschaffung der materiellen Welt bringt Jaldabaoth eine Schar niederer Wesen hervor, die als Archonten bekannt sind und ihn bei seiner Herrschaft unterstützen. Diese Archonten werden als unterdrückerisch und betrügerisch dargestellt und behalten durch Unwissenheit und Illusion die Kontrolle über die Menschheit. Sie erzwingen die Grenzen des materiellen Bereichs und hindern die Seelen daran, ihre wahre, göttliche Natur zu erkennen.

Trotz der negativen Darstellung Jaldabaoths und der Archonten bietet der gnostische Mythos eine Botschaft der Hoffnung und Erlösung. Sophia ist voller Reue wegen ihrer Rolle bei der Erschaffung Jaldabaoths und versucht, ihren Fehler wiedergutzumachen. Sie implantiert einen göttlichen Funken in die Menschheit, ein Fragment der göttlichen Essenz, die in jeder menschlichen Seele wohnt. Dieser Funke oder Pneuma ist der Schlüssel zum Potenzial der Menschheit für spirituelles Erwachen und Befreiung.

Der Platz der Menschheit im gnostischen Kosmos

Das Geheime Buch des Johannes präsentiert im Vergleich zu traditionellen religiösen Erzählungen eine radikal andere Sicht auf den Platz der Menschheit im Kosmos. Aus gnostischer Sicht werden Menschen als göttliche Wesen betrachtet, die in einer fehlerhaften und materiellen Welt gefangen sind und dennoch das Potenzial für spirituelles Erwachen und die Rückkehr zum göttlichen Pleroma besitzen. Diese Sichtweise ist sowohl ermutigend als auch herausfordernd, da sie eine tiefe und persönliche Reise der Selbstfindung und Transformation erfordert.

Dem Text zufolge ist der göttliche Funke in jedem Menschen ein Überbleibsel der höheren, göttlichen Sphäre. Es ist die wahre Essenz der Seele, die trotz der Gefangenschaft der Seele in der materiellen Welt mit dem Pleroma verbunden bleibt. Der materielle Körper und die Täuschungen der Archonten dienen dazu, die Seele in Unwissenheit und Knechtschaft zu halten, aber das innere Licht bleibt ein Leuchtfeuer der Hoffnung und eine Quelle inneren Wissens.

Die Rolle Jesu Christi im Geheimen Buch Johannes ist von zentraler Bedeutung für die gnostische Erlösungsvision. Christus steigt als Emanation des göttlichen Logos in die materielle Welt hinab, um den göttlichen Funken in der Menschheit zu erwecken. Er vermittelt verborgenes Wissen (Gnosis) und enthüllt die wahre Natur des Kosmos, indem er Seelen zur spirituellen Befreiung führt. Diese Darstellung von Jesus unterscheidet sich erheblich von der orthodoxen christlichen Sichtweise und betont seine Rolle als Offenbarer esoterischer Weisheit und nicht als aufopfernder Erlöser.

Der gnostische Weg zur Erlösung beinhaltet das Erwachen zum wahren Wissen über die göttlichen Ursprünge und die Natur des Kosmos. Dieses Erwachen wird durch innere Kontemplation, spirituelle Praktiken und die Führung aufgeklärter Lehrer erreicht. Das Ziel besteht darin, den materiellen Bereich und die Illusionen der Archonten zu überwinden und sich wieder mit der göttlichen Fülle des Pleroma zu vereinen.

Das Geheime Buch Johannes befasst sich auch mit dem Konzept der Reise der Seele nach dem Tod. Im gnostischen Glauben muss die Seele durch eine Reihe von Bereichen navigieren und sich den Archonten stellen, die die Grenzen der materiellen Welt bewachen. Ausgestattet mit dem von Christus vermittelten Wissen und dem inneren Licht des göttlichen Funkens kann die erwachte Seele diese Hindernisse überwinden und in die höheren Bereiche des Pleroma aufsteigen. Diese Reise wird oft als Befreiung von der Knechtschaft und als Rückkehr zu einem Zustand göttlicher Ganzheit und Einheit beschrieben.

Die gnostische Vision vom Platz der Menschheit im Kosmos ist sowohl eine Kritik der materiellen Welt als auch eine Bestätigung der der Seele innewohnenden

Göttlichkeit. Es stellt konventionelle religiöse und soziale Normen in Frage und plädiert für einen Weg der inneren Transformation und spirituellen Erleuchtung. Das Geheime Buch des Johannes bietet eine tiefgreifende und alternative Perspektive auf die Natur der Realität, die Rolle göttlicher Wesen und das Potenzial menschlicher Transzendenz.

Während wir das Geheime Buch des Johannes erforschen, stoßen wir auf ein reichhaltiges und komplexes Geflecht aus Mythen, Symbolen und Lehren, die die gnostische Weltanschauung erhellen. Dieser Text lädt uns ein, unsere Annahmen über die Natur der Existenz zu hinterfragen und ein tieferes Verständnis unserer wahren, göttlichen Natur zu suchen. Durch seine lebendige und fesselnde Erzählung inspiriert das Geheime Buch Johannes weiterhin Suchende nach Wahrheit und Weisheit und bietet eine zeitlose Botschaft der Hoffnung und Erlösung angesichts einer fehlerhaften und unvollkommenen Welt.

Das Geheime Buch des Johannes bleibt ein Eckpfeiler der gnostischen Literatur und ein Beweis für die reiche Vielfalt des frühchristlichen Denkens. Seine Erforschung der Ursprünge des Universums, der Rolle göttlicher Wesen und der Stellung der Menschheit im Kosmos bietet eine tiefgreifende und alternative Vision der Spiritualität. Dieser Text fordert uns heraus, über die materielle Welt hinauszuschauen und nach den verborgenen Wahrheiten zu suchen, die darin liegen, und bietet einen Weg zum spirituellen Erwachen und zur Befreiung.

Kapitel 6

Das Philippusevangelium: Mystische Lehren und Rituale

Das Philippusevangelium, Teil der Nag Hammadi-Bibliothek, bietet einen einzigartigen Einblick in die mystischen und rituellen Dimensionen des gnostischen Denkens. Im Gegensatz zu den kanonischen Evangelien konzentriert sich das Philippus-Evangelium eher auf spirituelle Lehren und Sakramente als auf einen narrativen Bericht über das Leben Jesu. Dieser Text voller Symbolik und Metaphern offenbart tiefgreifende Einblicke in frühchristliche Praktiken und Überzeugungen und betont Themen wie heilige Vereinigung, göttliches Wissen und die transformative Kraft von Ritualen.

Ehe und heilige Vereinigung im gnostischen Denken

Im Mittelpunkt des Philippusevangeliums steht das Konzept der heiligen Vereinigung, das oft in der

Metapher der Ehe zum Ausdruck kommt. Diese Vereinigung ist nicht nur eine physische oder soziale Institution, sondern eine tiefgreifende spirituelle Realität. Der Text geht davon aus, dass die wahre Ehe die Wiedervereinigung der göttlichen männlichen und weiblichen Prinzipien in jedem Einzelnen ist, was den gnostischen Glauben an die Wiederherstellung der spirituellen Ganzheit widerspiegelt.

In der gnostischen Kosmologie wird die Trennung von Mann und Frau als Abfall von einem ursprünglichen Zustand der Einheit angesehen. Das Philippusevangelium legt nahe, dass diese ursprüngliche Einheit durch spirituelle Praktiken und göttliches Wissen wiederhergestellt werden kann. Das im Text häufig erwähnte Sakrament des Brautgemachs symbolisiert diese mystische Ehe. Es stellt die Wiedervereinigung der Seele mit ihrem göttlichen Gegenstück dar, einen Prozess der inneren Alchemie, der zu spiritueller Erleuchtung und Vollendung führt.

Das Philippusevangelium interpretiert auch traditionelle christliche Symbole und Praktiken durch die Linse dieser mystischen Vereinigung neu. Beispielsweise wird der Kuss, ein häufiges Motiv im Text, nicht nur als Akt der Zuneigung, sondern auch als heiliger Austausch göttlichen Atems und göttlichen Wissens gesehen. Es bedeutet die innige und transformierende Verbindung zwischen der Seele und dem Göttlichen und spiegelt die gnostische Betonung der direkten, erfahrungsbasierten Kenntnis Gottes wider.

Rituale und Symbolik im Philippusevangelium

Rituale spielen im Philippusevangelium eine zentrale Rolle und dienen als Kanäle für göttliche Kraft und spirituelle Transformation. Der Text beschreibt verschiedene Sakramente wie die Taufe und die Salbung mit Öl in zutiefst symbolischer Sprache. Diese Riten sind nicht nur zeremoniell, sondern von tiefgreifender spiritueller Bedeutung und spiegeln die gnostische Ansicht wider, dass körperliche Handlungen innere spirituelle Prozesse widerspiegeln und erleichtern können.

Die Taufe beispielsweise wird als Prozess der Wiedergeburt und Erleuchtung dargestellt. Im Philippusevangelium handelt es sich nicht nur um ein Reinigungsritual, sondern um eine tiefgreifende spirituelle Initiation. Man sieht, dass der getaufte Mensch in einen neuen Seinszustand eintritt, die Unwissenheit und Dunkelheit der materiellen Welt abstreift und das Licht des göttlichen Wissens annimmt. Diese Transformation wird oft mit der Metapher von Tod und Auferstehung beschrieben und bedeutet einen radikalen Bewusstseins- und Identitätswandel.

Die Salbung mit Öl, ein weiteres wichtiges Sakrament, das im Text erwähnt wird, wird als Mittel zur Vermittlung göttlicher Gnade und Weisheit dargestellt. Dieser Ritus ist eng mit der Vorstellung von Christus als dem Gesalbten verbunden und legt nahe, dass diejenigen, die dieses Sakrament empfangen, an der göttlichen Salbung teilhaben. Es stellt die Einflößung des göttlichen Geistes in den Einzelnen dar und befähigt ihn, die Beschränkungen der materiellen Welt zu überwinden und seine wahre, göttliche Natur zu erkennen.

Das Philippusevangelium untersucht auch die symbolische Bedeutung verschiedener Elemente wie Licht, Dunkelheit und die heiligen Namen Gottes. Licht, oft mit göttlichem Wissen und göttlicher Wahrheit verbunden, ist ein wiederkehrendes Thema im Text. Die Gnostiker glaubten, dass Erleuchtung das Erkennen und Integrieren dieses inneren Lichts beinhaltet, was zu einem Zustand spiritueller Erleuchtung führt. Dunkelheit hingegen symbolisiert Unwissenheit und die Illusionen der materiellen Welt, die durch das Licht göttlichen Wissens überwunden werden müssen.

Implikationen für das Verständnis frühchristlicher Praktiken

Das Philippusevangelium bietet wertvolle Einblicke in die Vielfalt frühchristlicher Praktiken und Überzeugungen. Seine Betonung mystischer Lehren und

Rituale stellt die konventionelle Erzählung des frühen Christentums in Frage und offenbart ein reiches Geflecht spiritueller Traditionen, die neben und oft in Spannung mit der aufkommenden Orthodoxie existierten.

Eine der wichtigsten Implikationen des Philippusevangeliums ist seine Bestätigung der erfahrungsbezogenen und mystischen Dimensionen des frühen christlichen Glaubens. Der Text unterstreicht die Bedeutung persönlicher spiritueller Erfahrung und direkter Kenntnis des Göttlichen und steht in scharfem Kontrast zu den doktrinäreren und institutionalisierten Formen des Christentums, die später vorherrschen würden. Diese Betonung der Mystik unterstreicht den gnostischen Glauben, dass wahres spirituelles Verständnis nicht vollständig durch Worte oder äußere Autorität vermittelt werden kann, sondern in der Seele des Einzelnen verwirklicht werden muss.

Das Philippusevangelium beleuchtet auch die Rolle der Frau in frühen christlichen Gemeinschaften. Die Bildsprache des Textes von der heiligen Vereinigung und dem göttlichen Weiblichen deutet auf eine umfassendere und egalitärere Vision der Spiritualität hin, in der sowohl männliche als auch weibliche Prinzipien geehrt und integriert werden. Dies steht im Gegensatz zu den patriarchalischen Strukturen, die einen Großteil des orthodoxen Christentums prägten, was darauf hindeutet, dass gnostische Gemeinschaften möglicherweise einen ausgewogeneren und ganzheitlicheren Ansatz für Geschlecht und Spiritualität angeboten haben.

Darüber hinaus unterstreicht der Fokus des Textes auf Rituale und Sakramente die zentrale Bedeutung dieser Praktiken im frühchristlichen Gottesdienst. Die detaillierten Beschreibungen der Taufe, der Salbung und des Brautgemachs legen nahe, dass diese Riten nicht nur Randaktivitäten waren, sondern integraler Bestandteil des spirituellen Lebens der gnostischen Gemeinschaften waren. Dies stellt die moderne Wahrnehmung des frühen Christentums als einheitliche und monolithische Tradition in Frage und offenbart eine Vielfalt von Praktiken und Überzeugungen, die die frühchristliche Landschaft bereicherten.

Die Neuinterpretation traditioneller christlicher Symbole und Erzählungen durch das Philippusevangelium bietet auch eine neue Perspektive auf die Bedeutung und den Zweck dieser Elemente. Indem der Text die Taufe als eine tiefgreifende spirituelle Initiation, die Salbung mit Öl als eine Infusion des göttlichen Geistes und den Kuss als einen heiligen Austausch von Wissen betrachtet, lädt er die Leser ein, die tieferen, mystischen Dimensionen dieser Praktiken zu erkunden. Dieser symbolische Reichtum verleiht vertrauten Ritualen Bedeutungsebenen und fördert einen differenzierteren und kontemplativeren Ansatz zur Spiritualität.

Darüber hinaus finden die Kritik des Philippusevangeliums an konventioneller religiöser Autorität und seine Betonung der inneren Erleuchtung großen Anklang bei zeitgenössischen spirituellen Suchern, die institutionalisierte Religion in Frage stellen und direkte, persönliche Erfahrungen des Göttlichen suchen. Der Aufruf des Textes, die ursprüngliche Einheit von Mann und Frau wiederherzustellen, das Licht des göttlichen Wissens anzunehmen und sich transformierenden Ritualen zu unterziehen, spiegelt das zeitlose menschliche Streben nach Ganzheit, Wahrheit und spiritueller Erfüllung wider.

Als Historiker, der das Philippus-Evangelium untersucht, muss man seine tiefgreifenden und oft provokanten Einblicke in frühchristliches Denken und Handeln schätzen. Dieser Text bereichert nicht nur unser Verständnis des Gnostizismus, sondern fordert uns auch heraus, die Komplexität und Nuancen der frühen christlichen Geschichte zu überdenken. Es offenbart eine lebendige und dynamische spirituelle Tradition, die eine alternative Vision des Christentums bot, eine, die innere Transformation, mystisches Wissen und die heilige Vereinigung göttlicher Prinzipien betonte.

Das Philippusevangelium ist ein Zeugnis der reichen und vielfältigen Landschaft des frühen Christentums. Seine mystischen Lehren und Rituale bieten eine fesselnde und alternative Vision des Glaubens, die die Leser auch heute noch inspiriert und herausfordert. Durch die Erforschung der Themen heilige Vereinigung, göttliches Wissen und rituelle Symbolik lädt uns dieser Text ein, tiefer in die Geheimnisse der menschlichen Seele und des göttlichen Kosmos einzutauchen. Durch seine lebendige und eindrucksvolle Sprache beleuchtet das Philippusevangelium die tiefe spirituelle Weisheit der gnostischen Tradition und bietet eine zeitlose Botschaft der Transformation und Erleuchtung.

Kapitel 7

Das Apokryphon des Jakobus: Verborgene Offenbarungen

Das Apokryphon des Jakobus, auch bekannt als das geheime Buch des Jakobus, bietet einen bemerkenswerten Einblick in die verborgenen Dimensionen des frühchristlichen Denkens und die tiefgreifenden spirituellen Lehren, die in den gnostischen Gemeinschaften kursierten. Dieser rätselhafte Text, Teil der Nag Hammadi-Bibliothek, konzentriert sich auf Jakobus, eine Schlüsselfigur im frühen Christentum, und präsentiert eine Reihe geheimer Offenbarungen, die Jesus seinen Jüngern nach seiner Auferstehung übermittelte. Das Apokryphon des Jakobus enthüllt ein komplexes Geflecht mystischer Erkenntnisse, esoterischer Weisheit und der einzigartigen Natur der gnostischen Offenbarung und bietet eine fesselnde Erzählung, die unser Verständnis der frühchristlichen Geschichte herausfordert und bereichert.

Jakobus als zentrale Figur des frühen Christentums

Jakobus, oft als Jakobus der Gerechte bezeichnet, nimmt in der frühchristlichen Tradition einen bedeutenden Platz ein. Als Bruder Jesu und Leiter der Jerusalemer Kirche wird Jakobus als Schlüsselfigur der entstehenden christlichen Gemeinschaft dargestellt. Das Apokryphon des Jakobus verstärkt seine Rolle, indem es ihn als Empfänger tiefgründiger und geheimer Lehren Jesu darstellt. Diese Darstellung unterstreicht die Wertschätzung, die James genoss, und unterstreicht die Bedeutung seiner Führung und seiner spirituellen Einsicht.

Im kanonischen Neuen Testament wird Jakobus in mehreren Zusammenhängen erwähnt, insbesondere in der Apostelgeschichte und im Jakobusbrief. Das Apokryphon des Jakobus präsentiert jedoch eine intimere und esoterischere Perspektive. In diesem Text wird Jakobus als vertrauenswürdiger Vertrauter Jesu dargestellt, der in verborgenes Wissen und tiefere spirituelle Wahrheiten eingeweiht ist, die der größeren Gemeinschaft nicht offenbart wurden. Diese Darstellung spiegelt die gnostische Betonung der esoterischen Weisheit und der Weitergabe geheimer Lehren an einige wenige Auserwählte wider.

Der Schwerpunkt des Textes auf Jakobus deutet auch auf eine Abweichung von den bekannteren Erzählungen rund um Petrus und Paulus hin. Durch die Erhebung von Jakobus stellt das Apokryphon des Jakobus die vorherrschenden apostolischen Autoritätsstrukturen in Frage und präsentiert eine alternative Vision der frühchristlichen Führung. Diese Betonung von Jakobus steht im Einklang mit anderen gnostischen Texten, die der Weitergabe von innerem Wissen und spiritueller Autorität Vorrang vor institutioneller Macht einräumen.

Die geheimen Lehren enthüllt

Der Kern des Apokryphons des Jakobus liegt in der Darstellung der geheimen Lehren, die Jesus offenbart hat. Diese Lehren zeichnen sich durch ihre mystische

Tiefe, ihren philosophischen Reichtum und ihre tiefgreifenden spirituellen Einsichten aus. Im Gegensatz zu den einfacheren moralischen und ethischen Anweisungen in den kanonischen Evangelien sind die Lehren im Apokryphon des Jakobus zutiefst esoterisch und erfordern Kontemplation und inneres Verständnis.

Eines der Schlüsselthemen dieser Lehren ist das Konzept des spirituellen Aufstiegs und der spirituellen Transformation. Jesus spricht von der Notwendigkeit, die materielle Welt zu überwinden und das göttliche Licht im Inneren zu suchen. Dieses Thema spiegelt den gnostischen Glauben an die inhärente Göttlichkeit der menschlichen Seele und die Notwendigkeit wider, zu dieser göttlichen Realität zu erwachen. Die Lehren betonen die Bedeutung des inneren Wissens und des Erkennens der wahren, spirituellen Natur eines Menschen.

Das Apokryphon des Jakobus untersucht auch die Natur von Leiden und Erlösung. Jesus spricht von den Prüfungen und Schwierigkeiten, denen die Jünger ausgesetzt sein werden, aber er bezeichnet diese Erfahrungen als notwendige Schritte auf dem Weg zur Erleuchtung. Diese Perspektive spiegelt die gnostische Ansicht wider, dass Leiden ein Katalysator für spirituelles Wachstum sein kann und dass Erlösung eine tiefgreifende innere Transformation und nicht nur eine äußere Erlösung beinhaltet.

Darüber hinaus befasst sich der Text mit den Geheimnissen von Leben, Tod und Auferstehung. Jesus offenbart Einblicke in die Natur der Seelenreise, den Prozess von Tod und Wiedergeburt und die letztendliche Wiedervereinigung mit dem Göttlichen. Diese Lehren stellen herkömmliche Vorstellungen von Leben und Leben nach dem Tod in Frage und präsentieren eine differenziertere und mystischere Vision des Schicksals der Seele. Die Betonung der inneren Transformation und des spirituellen Wissens unterstreicht den gnostischen Glauben an die Möglichkeit, Gnosis oder direkte Erfahrungserkenntnis über Gott zu erlangen.

Auch die geheimen Lehren im Apokryphon des Jakobus unterstreichen die Bedeutung von Stille und Kontemplation. Jesus rät den Jüngern, innere Stille zu pflegen und die göttliche Präsenz im Inneren zu suchen. Diese Betonung der kontemplativen Praxis steht im Einklang mit dem Fokus der gnostischen Tradition auf die direkte, persönliche Erfahrung des Göttlichen und die Kultivierung des inneren Bewusstseins. Die Lehren fördern eine tiefe, introspektive Herangehensweise an die Spiritualität und legen nahe, dass wahre Weisheit nicht in äußeren Lehren, sondern in den inneren Tiefen der Seele zu finden ist.

Die Natur der gnostischen Offenbarung

Die Art der Offenbarung im Apokryphon des Jakobus ist eindeutig gnostisch und betont die direkte, persönliche und esoterische Kenntnis des Göttlichen. Gnostische Offenbarung ist nicht nur eine Übermittlung von Informationen, sondern eine transformierende Begegnung mit der göttlichen Gegenwart. Diese Offenbarung zeichnet sich durch ihre Unmittelbarkeit,

Intimität und tiefgreifende Wirkung auf die spirituelle Reise des Einzelnen aus.

Eines der bestimmenden Merkmale der gnostischen Offenbarung ist ihre Betonung der persönlichen Erfahrung und der inneren Transformation. Im Apokryphon des Jakobus sollen die von Jesus übermittelten Offenbarungen nicht weit verbreitet werden, sondern den Einzelnen zu einer tieferen, inneren Erkenntnis der göttlichen Wahrheit führen. Dieser persönliche und esoterische Charakter der gnostischen Offenbarung steht im Gegensatz zu den eher öffentlichen und gemeinschaftlichen Offenbarungsformen im orthodoxen Christentum.

Der Text hebt auch die Rolle des Offenbarers im Offenbarungsprozess hervor. Als göttlicher Offenbarer fungiert Jesus nicht nur als Lehrer, sondern auch als Führer und Initiator in die Geheimnisse des Göttlichen. Seine Aufgabe besteht darin, die Schüler zu ihrer eigenen inneren Göttlichkeit zu erwecken und sie auf den Weg des spirituellen Aufstiegs zu führen. Diese

Dynamik spiegelt die gnostische Sichtweise des Offenbarers als Katalysator für innere Transformation und das Erwachen göttlichen Wissens wider.

Darüber hinaus beinhaltet die gnostische Offenbarung oft eine dualistische Weltanschauung, die den Kontrast zwischen dem materiellen und dem spirituellen Bereich betont. Im Apokryphon des Jakobus betonen die Offenbarungen die Notwendigkeit, die materielle Welt zu überwinden und das göttliche Licht im Inneren zu suchen. Diese dualistische Perspektive unterstreicht den gnostischen Glauben an die inhärente Korruption der materiellen Welt und die Notwendigkeit, spirituelle Befreiung anzustreben.

Der Offenbarungsprozess im Apokryphon des Jakobus ist auch durch die Betonung von Mysterium und Geheimhaltung gekennzeichnet. Die Lehren werden als verborgene Wahrheiten präsentiert, die nur denjenigen zugänglich sind, die spirituell vorbereitet und offen dafür sind, sie anzunehmen. Diese Betonung der Geheimhaltung spiegelt das gnostische Verständnis von göttlichem Wissen als einem heiligen und tiefgreifenden Mysterium wider, das nicht vollständig in Worte gefasst werden kann, sondern direkt erlebt werden muss.

Darüber hinaus beinhaltet die Natur der gnostischen Offenbarung eine transformative Reise. Die Offenbarungen im Apokryphon des Jakobus führen den Einzelnen durch Phasen spirituellen Wachstums und führen zu einer tieferen und intimeren Kenntnis des Göttlichen. Dieser Prozess ist nicht linear, sondern umfasst Zyklen des Auf- und Abstiegs, die die Komplexität des spirituellen Weges widerspiegeln. Die Lehren fördern Ausdauer, innere Reflexion und ein kontinuierliches Streben nach mehr Verständnis und Erleuchtung.

Das Apokryphon des Jakobus präsentiert auch eine Vision des Göttlichen, die zutiefst persönlich und beziehungsreich ist. Die Offenbarungen betonen die enge Beziehung zwischen der individuellen Seele und der göttlichen Gegenwart und legen nahe, dass wahre Gotteserkenntnis eine tiefe innere Verbindung und

Gemeinschaft beinhaltet. Dieser relationale Aspekt der gnostischen Offenbarung steht im Gegensatz zu eher unpersönlichen und doktrinären Ansätzen zur Göttlichkeit und bietet ein intimeres und erfahrungsorientierteres Verständnis des Göttlichen.

Das Apokryphon des Jakobus ist ein kraftvolles Zeugnis für den Reichtum und die Komplexität des gnostischen Denkens und die Einzigartigkeit der gnostischen Offenbarung. Indem der Text sich auf Jakobus konzentriert und die geheimen Lehren Jesu präsentiert, bietet er eine tiefgreifende und transformierende Vision der frühchristlichen Spiritualität. Sein Schwerpunkt auf persönlicher Erfahrung, innerer Transformation und esoterischer Weisheit stellt konventionelle Narrative in Frage und lädt Leser ein, die tieferen, mystischen Dimensionen ihrer eigenen spirituellen Reise zu erkunden.

Als Historiker offenbart die Untersuchung des Apokryphons des Jakobus die vielfältige und dynamische Landschaft des frühen christlichen Denkens und Handelns. Der Text bereichert unser Verständnis der Komplexität des gnostischen Glaubens und der tiefgreifenden spirituellen Einsichten, die diese Tradition charakterisierten. Es bietet eine fesselnde Erzählung verborgener Offenbarungen, mystischer Lehren und der transformativen Kraft göttlichen Wissens und lädt uns ein, das reiche Geflecht der frühen christlichen Geschichte und das bleibende Erbe der gnostischen Spiritualität neu zu überdenken.

Kapitel 8

Die Abhandlung über die Auferstehung: Konzepte von Leben und Leben nach dem Tod

Gnostische Ansichten über Tod und Auferstehung

Die Abhandlung über die Auferstehung, einer der wegweisenden Texte, die in der Nag Hammadi-Bibliothek entdeckt wurden, bietet eine tiefgreifende Untersuchung der gnostischen Überzeugungen über Tod, Auferstehung und das Leben nach dem Tod. Dieser Text bietet eine einzigartige Perspektive auf diese Themen und weicht deutlich von den orthodoxen christlichen Lehren ab. Im gnostischen Denken sind Tod und Auferstehung nicht nur physische Ereignisse, sondern tiefgreifende spirituelle Transformationen. Unter der Auferstehung versteht man das Erwachen der Seele zu ihrer wahren göttlichen

Natur, eine Rückkehr zum Pleroma oder zur Fülle des göttlichen Reiches, aus dem sie ursprünglich hervorgegangen ist.

Der Gnostizismus geht davon aus, dass die materielle Welt eine fehlerhafte Schöpfung ist und oft als das Werk einer geringeren Gottheit, des Demiurgen, angesehen wird. Diese Welt ist ein Ort des Leidens und der Unwissenheit, an dem Seelen in physischen Formen gefangen sind. Nach gnostischem Glauben ist der Tod nicht das Ende, sondern ein Übergang. Es ist der Moment, in dem die Seele möglicherweise aus dem materiellen Bereich ausbrechen und zum göttlichen Licht zurückkehren kann. Allerdings erfolgt dieser Aufstieg nicht automatisch; es erfordert Gnosis oder Wissen, das sowohl intellektuell als auch erfahrungsbasiert ist. Dieses Wissen beinhaltet ein Bewusstsein für den göttlichen Ursprung und die wahre Natur der Realität.

Die Auferstehung ist im gnostischen Sinne die Befreiung der Seele aus dem Kreislauf der Reinkarnation und ihre Rückkehr zum Pleroma. Dabei handelt es sich nicht um eine physische Auferstehung des Körpers wie im orthodoxen Christentum, sondern um ein spirituelles

Erwachen und eine Wiedereingliederung in das Göttliche. Die Abhandlung über die Auferstehung betont, dass dieser Prozess in diesem Leben durch spirituelle Praktiken, innere Reflexion und das Streben nach Gnosis beginnen kann. Es ist eine kontinuierliche Reise der Erleuchtung, die in der endgültigen Verwirklichung der Einheit mit dem Göttlichen gipfelt.

Dieser Text präsentiert auch ein mystisches Verständnis der Auferstehung, eines, das über das Physische hinausgeht und in den Bereich des Spirituellen vordringt. Es spricht von der inneren Transformation und dem Erwachen des göttlichen Funkens in jedem Einzelnen. Diese Sicht der Auferstehung steht im Einklang mit der breiteren gnostischen Betonung persönlicher spiritueller Erfahrung und innerem Wissen und nicht externer Rituale oder institutionalisierter Glaubenssysteme.

Vergleich mit orthodoxen christlichen Überzeugungen

Die gnostischen Vorstellungen von Tod und Auferstehung stehen in scharfem Kontrast zu denen des orthodoxen Christentums. In der traditionellen christlichen Lehre wird unter der Auferstehung in erster Linie die leibliche Auferstehung Jesu Christi verstanden, die als Versprechen für die zukünftige Auferstehung aller Gläubigen dient. Diese physische Auferstehung ist ein Eckpfeiler des christlichen Glaubens und symbolisiert die Überwindung des Todes und die Hoffnung auf ewiges Leben in einer erneuerten Schöpfung.

Das orthodoxe Christentum lehrt, dass die Seelen nach dem Tod auf das endgültige Gericht warten. Die Gerechten werden mit ewigem Leben im Himmel belohnt, während den Ungerechten die ewige Verdammnis droht. Diese eschatologische Sichtweise ist tief im Glauben an ein gerechtes und moralisches Universum verwurzelt, das von einem gütigen Gott überwacht wird. Die Auferstehung des Körpers am Ende der Zeiten wird als Wiederherstellung des gesamten Menschen, Körper und Seele, in einem neuen, verherrlichten Zustand angesehen.

Im Gegensatz dazu lehnt die gnostische Sichtweise, wie sie in der Abhandlung über die Auferstehung dargelegt wird, die physische Auferstehung des Körpers ab.

Stattdessen konzentriert es sich auf die spirituelle Auferstehung der Seele. Der physische Körper wird als vorübergehendes Gefäß angesehen, das dem Verfall und der Korruption unterliegt, während die wahre Essenz eines Menschen der göttliche Funke in seinem Inneren ist. Dieses innere göttliche Element ist ewig und unveränderlich, und das Ziel besteht darin, diesen Funken zu erwecken und aus den Grenzen der materiellen Welt zu befreien.

Die gnostische Betonung der inneren Transformation und des spirituellen Wissens als Weg zur Erlösung bietet einen individualistischeren und mystischeren Ansatz im Vergleich zum gemeinschaftlichen und doktrinären Fokus des orthodoxen Christentums. Der Gnostizismus fördert eine direkte, persönliche Erfahrung des Göttlichen, oft durch kontemplative Praktiken und das Streben nach esoterischer Weisheit. Dies steht im Gegensatz zu den stärker strukturierten und gemeinschaftlichen Formen der Anbetung und des Glaubens im orthodoxen Christentum, bei dem die Einhaltung etablierter Lehren und die Teilnahme an gemeinschaftlichen Sakramenten im Vordergrund stehen.

Die Abhandlung über die Auferstehung stellt auch die orthodoxe Ansicht eines Jüngsten Gerichts und einer ewigen Verdammnis in Frage. Im gnostischen Denken geht die Reise der Seele weiter und bietet zahlreiche Möglichkeiten für Wachstum und Erleuchtung. Das Konzept einer ewigen Hölle fehlt in den gnostischen Lehren im Allgemeinen, die stattdessen das Potenzial der Seele für einen kontinuierlichen Aufstieg und eine Wiedervereinigung mit dem Göttlichen betonen. Diese optimistischere und offenere Sicht auf das Leben nach dem Tod spiegelt den gnostischen Glauben an die ultimative Güte und Erlösbarkeit der Seele wider, trotz der fehlerhaften Natur der materiellen Welt.

Die spirituelle Reise über den Tod hinaus

Die Abhandlung über die Auferstehung erläutert das gnostische Verständnis der Reise der Seele über den Tod hinaus. Diese Reise wird als ein Prozess des Aufstiegs angesehen, bei dem die Seele ihre materiellen Bindungen abwirft und durch verschiedene Ebenen spiritueller

Bereiche aufsteigt, um schließlich zum Pleroma zurückzukehren. Dieser Aufstieg wird oft als Überwindung der Archonten oder kosmischen Herrscher beschrieben, die den materiellen Bereich regieren und versuchen, die Seelen darin gefangen zu halten.

Der Text legt nahe, dass die Reise der Seele von göttlichen Wesen wie den Äonen geleitet wird, die ihren Aufstieg unterstützen. Diese Wesen werden als Emanationen des Göttlichen angesehen und verkörpern verschiedene Aspekte der göttlichen Fülle. Der Aufstieg der Seele ist eine Rückkehr zu ihrer wahren Heimat, eine Wiedervereinigung mit der göttlichen Quelle, aus der sie ursprünglich hervorgegangen ist. Dieser Prozess ist nicht nur eine Rückkehr, sondern eine Erfüllung, da die Seele ihre ursprüngliche Reinheit und Vollständigkeit wiedererlangt.

Auch die Abhandlung über die Auferstehung betont die Bedeutung von Wissen und Weisheit auf diesem Weg. Die Seele muss sich Gnosis aneignen, ein inneres Wissen über ihren göttlichen Ursprung und die wahre Natur der Realität, um erfolgreich durch die spirituellen Bereiche navigieren zu können. Dieses Wissen wird oft als Licht dargestellt, das die Seele leitet und die Dunkelheit der Unwissenheit und Illusion vertreibt. Der Erwerb der Gnosis wird sowohl als intellektueller als auch erfahrungsbezogener Prozess angesehen, der tiefe Kontemplation, Selbstreflexion und die Kultivierung spiritueller Einsicht beinhaltet.

Rituale und symbolische Praktiken spielen eine wichtige Rolle bei der Vorbereitung der Seele auf ihre Reise. Gnostische Gemeinschaften führten oft aufwändige Rituale durch, die den Aufstieg der Seele und ihre Befreiung aus der materiellen Welt symbolisierten. Diese Rituale dienten sowohl als Erinnerung an den göttlichen Ursprung der Seele als auch als Mittel, um die Hilfe göttlicher Wesen anzurufen. Sie galten als wesentliche Schritte im Prozess der spirituellen Transformation und trugen dazu bei, die Seele mit dem göttlichen Licht in Einklang zu bringen und ihre Entschlossenheit zu stärken, die von den Archonten gestellten Hindernisse zu überwinden.

Der Text spricht auch von der transformierenden Kraft des Leidens und der Trübsal. In der gnostischen Weltanschauung wird irdisches Leiden nicht als Strafe, sondern als Chance für Wachstum und Erleuchtung gesehen. Leiden kann zu einem tieferen Verständnis des menschlichen Zustands und einem größeren Bewusstsein für die göttliche Natur der Seele führen. Durch die Prüfungen und Nöte des Lebens wird die Seele gereinigt und auf ihren schließlichen Aufstieg in das göttliche Reich vorbereitet. Diese Perspektive bietet eine differenziertere und positivere Sicht auf das Leiden und sieht es als integralen Bestandteil der spirituellen Reise der Seele.

Darüber hinaus präsentiert die Abhandlung über die Auferstehung eine Vision des Lebens nach dem Tod, die dynamisch und sich weiterentwickelnd ist. Die Reise der Seele ist kein einmaliges Ereignis, sondern ein fortlaufender Prozess des Wachstums und der Transformation. Dieser Prozess setzt sich auch nach dem Tod fort, wenn die Seele durch höhere Bereiche der spirituellen Existenz aufsteigt. Das ultimative Ziel ist die vollständige Wiedervereinigung mit dem Göttlichen, bei der die Seele die Fülle des göttlichen Lichts und der göttlichen Liebe erfährt. Diese Vision des Jenseits bietet eine hoffnungsvolle und inspirierende Perspektive und betont das Potenzial für kontinuierliches Wachstum und Erleuchtung.

Die gnostische Sichtweise der Auferstehung und des Jenseits, wie sie in der Abhandlung über die Auferstehung dargelegt wird, stellt konventionelle religiöse Narrative in Frage und bietet eine tiefgreifende und transformative Vision des spirituellen Lebens. Es betont die Bedeutung von innerem Wissen, persönlicher Erfahrung und spiritueller Transformation und lädt den Einzelnen ein, sich auf eine Reise der Selbstfindung und Erleuchtung zu begeben. Diese Reise ist sowohl zutiefst persönlich als auch universell bedeutsam und spiegelt den gnostischen Glauben an die inhärente Göttlichkeit und das Potenzial jeder menschlichen Seele wider.

Die Abhandlung über die Auferstehung bietet eine umfassende und differenzierte Untersuchung der gnostischen Überzeugungen in Bezug auf Tod, Auferstehung und das Leben nach dem Tod. Es präsentiert eine Vision des spirituellen Lebens, die sowohl tiefgreifend als auch überzeugend ist und Einblicke in die Natur der Seele, den Prozess der spirituellen Transformation und das ultimative Ziel der

Wiedervereinigung mit dem Göttlichen bietet. Dieser Text lädt Leser dazu ein, ihr Verständnis von Leben, Tod und Auferstehung zu überdenken und die tieferen, mystischen Dimensionen ihrer eigenen spirituellen Reise zu erkunden. Als Historiker offenbart die Untersuchung der Abhandlung über die Auferstehung die vielfältige und dynamische Landschaft des frühchristlichen Denkens und die tiefgreifenden spirituellen Einsichten, die den gnostischen Glauben prägten. Diese Untersuchung bereichert unser Verständnis der Komplexität der frühchristlichen Geschichte und des bleibenden Erbes der gnostischen Spiritualität.

Kapitel 9

Die Sophia von Jesus Christus: Die personifizierte Weisheit

Erforschung der Rolle von Sophia im gnostischen Denken

In der gnostischen Kosmologie spielt Sophia, die Verkörperung der göttlichen Weisheit, eine zentrale Rolle. Ihre Geschichte ist tief in das Gefüge des gnostischen Mythos verwoben und spricht von der Komplexität des menschlichen Daseins und dem Streben nach spiritueller Erleuchtung. Im Gegensatz zu den traditionellen christlichen Erzählungen, die oft patriarchale Elemente betonen, präsentieren gnostische Texte wie die Sophia von Jesus Christus eine differenzierte Sicht auf die Göttlichkeit, in der weibliche Aspekte für das Verständnis der Schöpfung, der Erlösung und des Kosmos von zentraler Bedeutung sind.

Sophia, deren Name auf Griechisch „Weisheit“ bedeutet, ist eine göttliche Figur, die im Pleroma, der Fülle des göttlichen Reiches, existiert. Sie ist nicht nur ein abstraktes Konzept, sondern eine dynamische Kraft, personifiziert als göttliches Wesen, das aktiv an der Entfaltung des Kosmos teilnimmt. Sophias Abstieg in die materielle Welt ist ein Eckpfeiler der gnostischen Mythologie. Es stellt sowohl eine kosmische Tragödie als auch eine tiefgreifende Chance zur Erlösung dar. Ihr Sturz vom Pleroma wird oft als eine Tat dargestellt, die von der tiefen Sehnsucht getrieben ist, das Göttliche auf tiefere Weise zu verstehen und zu erfahren. Dieser Abstieg führt zur Erschaffung der materiellen Welt, einem Ort, der von Unvollkommenheit und Leid geprägt ist.

Allerdings endet Sophias Rolle nicht mit ihrem Sturz. Ihre Geschichte ist eine Geschichte der Erlösung und Wiederherstellung. Durch ihre Prüfungen und Schwierigkeiten wird sie zum Symbol für die Reise der Seele zur Erleuchtung. Ihre Erfahrungen spiegeln den menschlichen Kampf wider, Unwissenheit zu überwinden und sich wieder mit der göttlichen Quelle zu verbinden. Auf diese Weise verkörpert Sophia sowohl das Potenzial zum Fehler als auch die Hoffnung auf Erlösung. Sie ist eine Figur, die eine Brücke zwischen dem Göttlichen und dem Menschlichen schlägt und die tiefe Verbindung zwischen Weisheit und spirituellem Erwachen veranschaulicht.

Im gnostischen Denken ist Sophias Geschichte ein Spiegelbild des umfassenderen kosmischen Dramas. Ihr Abstieg und die anschließende Erlösung werden als Teil eines göttlichen Plans betrachtet, in dem die materielle Welt trotz ihrer Unvollkommenheiten zu einem Schmelztiegel für spirituelles Wachstum wird. Diese Erzählung bietet eine optimistischere Sicht auf den materiellen Bereich und betrachtet ihn nicht als einen Ort des bloßen Leidens, sondern als eine wesentliche Etappe auf dem Weg der Seele zur Gnosis oder spirituellen Erkenntnis. Sophias Rolle unterstreicht die Bedeutung der Weisheit in diesem Prozess und legt nahe, dass wahre Erleuchtung durch die Integration sowohl göttlicher als auch menschlicher Erfahrungen zustande kommt.

Die Beziehung zwischen Jesus und Sophia

Die Beziehung zwischen Jesus und Sophia in gnostischen Texten ist sowohl komplex als auch zutiefst symbolisch. Im Gegensatz zu den kanonischen Evangelien, in denen Jesus durch sein Leben, seinen Tod und seine Auferstehung vorwiegend eine Erlösung darstellt, stellen gnostische Texte wie die Sophia von Jesus Christus eine komplexere Interaktion zwischen Jesus und Sophia dar. Diese Beziehung unterstreicht das Zusammenspiel von Wissen und Erlösung und betont die transformative Kraft der göttlichen Weisheit.

In vielen gnostischen Texten wird Jesus nicht nur als Retter, sondern auch als Offenbarer verborgenen Wissens gesehen. Er ist der Träger der Gnosis und bringt die göttliche Weisheit mit, die für die Erlösung der Seele notwendig ist. Sophia hingegen repräsentiert die

Weisheit, die in die materielle Welt gefallen ist und der Erlösung bedarf. Zusammen bilden sie ein komplementäres Paar, in dem Jesus bei der Wiederherstellung Sophias und durch sie bei der Erleuchtung der Menschheit hilft.

Die Dialoge zwischen Jesus und Sophia in diesen Texten sind reich an symbolischer Bedeutung. Sie stellen oft dar, wie Jesus Sophia göttliches Wissen vermittelt und ihr hilft, sich an ihre wahre Natur und ihren Platz innerhalb der göttlichen Ordnung zu erinnern. Diese Interaktion ist nicht einseitig; Sophia vermittelt Jesus auch Weisheit und spiegelt die wechselseitige Natur ihrer Beziehung wider. Ihr Dialog stellt einen dynamischen Wissensaustausch dar, bei dem beide Figuren zum Verständnis und zur Aufklärung des anderen beitragen.

Diese Beziehung hat auch tiefgreifende Auswirkungen auf das Verständnis der Rolle des weiblichen Göttlichen im gnostischen Denken. Im Gegensatz zu traditionellen christlichen Erzählungen, die weibliche Aspekte des Göttlichen oft an den Rand drängen, erheben gnostische

Texte Sophia zu einer zentralen Rolle. Ihre Beziehung zu Jesus unterstreicht die Bedeutung des Weiblichen im Prozess der spirituellen Erlösung. Es legt nahe, dass wahre Erleuchtung und Erlösung die Integration sowohl männlicher als auch weiblicher Aspekte des Göttlichen erfordern.

Die Interaktion zwischen Jesus und Sophia unterstreicht auch die transformative Kraft der Weisheit. Im gnostischen Denken ist Weisheit nicht nur intellektuelles Wissen, sondern ein tiefes, erfahrungsbasiertes Verständnis des Göttlichen. Durch den Erwerb dieser Weisheit können Seelen die materielle Welt transzendieren und zum Pleroma zurückkehren. Jesus und Sophia stellen gemeinsam den Weg zu dieser Erleuchtung dar und führen die Seelen zu einem tieferen Verständnis ihrer wahren Natur und ihrer Verbindung zum Göttlichen.

Das weibliche Göttliche im Gnostizismus

Die Präsenz von Sophia im gnostischen Denken bringt die umfassendere Rolle des weiblichen Göttlichen in diesen frühen christlichen Traditionen ans Licht. Im Gegensatz zum orthodoxen Christentum, das in der Vergangenheit eine überwiegend männliche Darstellung von Gott und göttlichen Agenten betont hat, bietet der Gnostizismus eine ausgewogenere und umfassendere Sicht auf das Göttliche. Als Personifikation der Weisheit verkörpert Sophia den weiblichen Aspekt des Göttlichen und spielt eine entscheidende Rolle in den Erzählungen über Schöpfung, Fall und Erlösung.

Sophias Geschichte ist ein kraftvolles Symbol des weiblichen Göttlichen und repräsentiert sowohl das Potenzial für Fehler als auch das Versprechen der Erlösung. Ihr Abstieg in die materielle Welt spiegelt die gnostische Sicht auf das göttliche Zusammenspiel von Licht und Dunkelheit, Wissen und Unwissenheit wider. Ihre Reise zur Erlösung spiegelt das Streben der Seele nach Erleuchtung wider und betont die Bedeutung von Weisheit und Verständnis in diesem Prozess. Diese Erzählung stellt traditionelle patriarchale Strukturen in Frage und legt nahe, dass das weibliche Göttliche für spirituelles Wachstum und Erlösung unerlässlich ist.

Die Hervorhebung Sophias im gnostischen Denken hat auch tiefgreifende Auswirkungen auf die Rolle der Frau in frühen christlichen Gemeinschaften. Die Ehrfurcht vor Sophia als göttlicher Figur lässt darauf schließen, dass Frauen als Verkörperungen des Göttlichen angesehen wurden und in der Lage waren, Weisheit zu besitzen und zu vermitteln. Diese Sichtweise steht im Gegensatz zu der oft marginalen Rolle, die Frauen in orthodoxen christlichen Traditionen zugeschrieben wird. In gnostischen Gemeinschaften könnten Frauen Positionen mit spiritueller Autorität bekleiden, was die umfassendere Inklusivität des gnostischen Glaubens widerspiegelt.

Sophias Präsenz im gnostischen Denken unterstreicht auch die dynamische und vielschichtige Natur des

Göttlichen. Sie ist keine passive Figur, sondern eine aktive Teilnehmerin des kosmischen Dramas. Ihre Geschichte ist eine Geschichte von Entscheidungsfreiheit und Transformation und spiegelt den gnostischen Glauben an die Kraft von Wissen und Weisheit wider, tiefgreifende Veränderungen herbeizuführen. Diese Sicht des weiblichen Göttlichen stellt statische und hierarchische Vorstellungen von Göttlichkeit in Frage und legt nahe, dass das Göttliche sowohl dynamisch als auch zugänglich ist und auf unterschiedliche Weise erfahren und verstanden werden kann.

Die gnostische Ehrfurcht vor Sophia und dem weiblichen Göttlichen spiegelt sich auch in umfassenderen Themen wie Inklusivität und Gleichheit wider. Es legt nahe, dass spirituelle Weisheit nicht auf ein bestimmtes Geschlecht oder eine bestimmte soziale Klasse beschränkt ist, sondern allen zugänglich ist, die danach suchen. Diese umfassende Vision des Göttlichen fordert traditionelle Grenzen heraus und lädt den Einzelnen ein, seine eigene innere Weisheit und seine

Verbindung zum Göttlichen zu erforschen. Es spiegelt den gnostischen Glauben an die inhärente Göttlichkeit und das Potenzial jeder Seele wider, unabhängig von Geschlecht oder sozialem Status.

Die Figur der Sophia im gnostischen Denken repräsentiert eine tiefgreifende und transformierende Vision des weiblichen Göttlichen. Ihre Geschichte von Abstieg und Erlösung ist ein kraftvolles Symbol für den Weg der Seele zur Erleuchtung und betont die Bedeutung von Weisheit und Verständnis in diesem Prozess. Die Beziehung zwischen Jesus und Sophia unterstreicht die komplementäre Natur männlicher und weiblicher Aspekte des Göttlichen und legt nahe, dass wahre Erleuchtung die Integration beider erfordert. Die Ehrfurcht vor Sophia unterstreicht auch den integrativen und egalitären Charakter des gnostischen Glaubens, indem er traditionelle patriarchale Strukturen in Frage stellt und den Einzelnen dazu einlädt, seine eigene Verbindung zum Göttlichen zu erforschen. Als Historiker offenbart die Untersuchung der Rolle von Sophia im gnostischen Denken die reiche und vielfältige

Landschaft der frühchristlichen Spiritualität und bietet Einblicke in die Komplexität und Möglichkeiten des Göttlichen.

Kapitel 10

Das Marienevangelium: Ein umstrittener Apostel

Die Rolle Maria Magdalenas im frühen Christentum

Maria Magdalena war lange Zeit eine der rätselhaftesten und am meisten missverstandenen Figuren des frühen Christentums. Traditionell wird sie von den gängigen christlichen Lehren in ein negatives Licht gerückt und auf verschiedene Weise als reuige Prostituierte, hingebungsvolle Anhängerin Jesu und Zeugin seiner Auferstehung dargestellt. Gnostische Texte, insbesondere das Marienevangelium, bieten jedoch eine radikal andere und weitaus kraftvollere Darstellung ihrer Rolle und Bedeutung innerhalb der frühchristlichen Bewegung.

Im Marienevangelium tritt Maria Magdalena nicht nur als Anhängerin auf, sondern auch als zentrale

Führungspersönlichkeit und eigenständige Apostelin. Dieser Text hebt ihren Status hervor und stellt sie als vertrauenswürdige Vertraute Jesu und Hauptträgerin seiner Lehren dar. Im Gegensatz zu den kanonischen Evangelien, in denen ihre Rolle oft heruntergespielt oder falsch interpretiert wird, rückt das Marienevangelium sie in den Mittelpunkt der frühen christlichen Gemeinschaft und offenbart ihre tiefen spirituellen Einsichten und ihre enge Beziehung zu Jesus.

Diese Neuinterpretation der Rolle Maria Magdalenas stellt die patriarchale Struktur in Frage, die die christliche Geschichte seit Jahrhunderten dominiert. Dies deutet darauf hin, dass Frauen nicht nur passive Empfänger der Botschaft Jesu waren, sondern auch aktive Teilnehmer und Leiterinnen der frühen christlichen Gemeinschaft waren. Das Marienevangelium hebt sie als Quelle spiritueller Weisheit und Autorität hervor, die in der Lage ist, die anderen Jünger zu führen und zu unterweisen.

Diese Darstellung von Maria Magdalena wirft auch wichtige Fragen zur Rolle der Frau im frühen Christentum auf. Wenn Maria Magdalena tatsächlich eine zentrale Figur und Anführerin war, was sagt das dann über die Inklusivität und Vielfalt der frühchristlichen Bewegung aus? Das Marienevangelium lädt uns ein, die historischen und theologischen Grundlagen des Christentums zu überdenken und dabei die bedeutenden Beiträge der Frauen und die Notwendigkeit anzuerkennen, ihre Stimmen wieder in die historische Erzählung einzubeziehen.

Die einzigartige Perspektive des Marienevangeliums

Das Marienevangelium bietet eine einzigartige und überzeugende Perspektive auf die Lehren und Überzeugungen des frühen Christentums. Dieser Maria Magdalena zugeschriebene Text bietet Einblicke in die Natur der Seele, den Prozess des spirituellen Erwachens und den Weg zur Erleuchtung. Es präsentiert eine Vision des Christentums, die zutiefst mystisch und erfahrungsorientiert ist und den Schwerpunkt auf inneres Wissen und persönliche Transformation legt.

Einer der auffälligsten Aspekte des Marienevangeliums ist seine Konzentration auf die innere Reise der Seele. Dieser Text beschreibt einen Dialog zwischen Maria Magdalena und den anderen Jüngern, in dem sie ihre Visionen und Lehren erzählt, die sie von Jesus erhalten hat. Diese Lehren betonen die Bedeutung von Selbsterkenntnis und innerer Transformation und legen nahe, dass wahres spirituelles Erwachen von innen kommt. Das Marienevangelium lädt den Leser ein, sich auf seine eigene innere Reise zu begeben und nach der Weisheit und Erleuchtung zu suchen, die in seinem eigenen Herzen und Verstand liegt.

Das Marienevangelium präsentiert auch eine umfassendere und mitfühlendere Vision des Christentums. Im Gegensatz zu den orthodoxen Lehren, die oft Sünde, Schuld und Gericht betonen, bietet das Marienevangelium eine Botschaft der Liebe, Vergebung und des inneren Friedens. Es lehrt, dass der Weg zur

Erlösung nicht über äußere Rituale oder Dogmen führt, sondern über inneres Wissen und Selbstbewusstsein. Diese Botschaft steht im Einklang mit den umfassenderen Themen des Gnostizismus, die persönliche Erfahrung und direkte Kenntnis des Göttlichen betonen.

Darüber hinaus stellt das Marienevangelium die traditionelle hierarchische Struktur der frühen christlichen Gemeinschaft in Frage. In diesem Text wird Maria Magdalena als Lehrerin und Anführerin dargestellt, die die anderen Jünger mit ihrer Weisheit und ihren Einsichten leitet. Diese Darstellung durchbricht das konventionelle patriarchale Modell und legt nahe, dass spirituelle Autorität nicht auf einige wenige beschränkt ist, sondern allen zugänglich ist, die danach streben. Das Marienevangelium lädt uns ein, die Natur der geistlichen Führung und die Rolle der Frau in der frühen christlichen Bewegung zu überdenken.

Herausforderungen für traditionelle christliche Erzählungen

Das Marienevangelium stellt traditionelle christliche Erzählungen und Lehren vor große Herausforderungen. Seine Darstellung von Maria Magdalena als zentrale Figur und spirituelle Führerin durchbricht die etablierte patriarchale Struktur und lädt zu einer Neubetrachtung der Rolle der Frau im frühen Christentum ein. Dieser Text bietet auch eine radikal andere Vision der christlichen Lehren und betont inneres Wissen und persönliche Transformation gegenüber äußeren Ritualen und Dogmen.

Eine der größten Herausforderungen des Marienevangeliums ist die Darstellung von Maria Magdalena als Apostelin und geistliche Führerin. Diese Darstellung widerspricht der traditionellen Sichtweise der Apostel als einer ausschließlich männlichen Gruppe und legt nahe, dass Frauen in der frühchristlichen Bewegung eine weitaus bedeutendere Rolle spielten, als historisch anerkannt. Das Marienevangelium lädt uns ein, die historischen und theologischen Grundlagen des Christentums zu überdenken und dabei die Beiträge der Frauen und die Notwendigkeit anzuerkennen, ihre Stimmen wieder in die Erzählung einzubeziehen.

Eine weitere bedeutende Herausforderung, die das Marienevangelium mit sich bringt, ist seine Betonung der inneren Erkenntnis und der persönlichen Transformation. Dieser Text lehrt, dass wahres spirituelles Erwachen von innen kommt, durch Selbsterkenntnis und inneren Frieden. Diese Botschaft steht in scharfem Kontrast zu den orthodoxen Lehren, die oft den Schwerpunkt auf äußere Rituale, Dogmen und hierarchische Autorität legen. Das Marienevangelium lädt uns ein, die Natur der spirituellen Autorität und den Weg zur Erlösung zu überdenken und die Bedeutung persönlicher Erfahrung und direkter Kenntnis des Göttlichen anzuerkennen.

Das Marienevangelium stellt auch die traditionelle Darstellung von Jesus und seinen Lehren in Frage. In diesem Text wird Jesus als Lehrer der inneren Weisheit und spirituellen Transformation dargestellt, wobei Liebe, Vergebung und innerer Frieden im Vordergrund stehen. Diese Darstellung steht im Gegensatz zur orthodoxen Darstellung von Jesus als einer Figur des Urteils und der Autorität. Das Marienevangelium lädt uns ein, die Natur der Lehren Jesu und der Botschaft des Christentums zu überdenken und die Bedeutung innerer Erkenntnis und persönlicher Transformation anzuerkennen.

Darüber hinaus lädt uns das Marienevangelium dazu ein, den breiteren historischen und kulturellen Kontext des frühen Christentums zu überdenken. Dieser Text spiegelt eine umfassendere und vielfältigere Vision der frühen christlichen Gemeinschaft wider, in der Frauen eine wichtige Rolle spielten und geistliche Autorität für alle zugänglich war. Es stellt das konventionelle patriarchale Modell in Frage und lädt uns ein, die Beiträge von Frauen und die Bedeutung des inneren Wissens in der frühchristlichen Bewegung anzuerkennen.

Das Marienevangelium bietet eine einzigartige und überzeugende Perspektive auf das frühe Christentum und präsentiert eine Vision des Glaubens, die zutiefst mystisch, inklusiv und transformativ ist. Seine Darstellung von Maria Magdalena als zentraler Figur und spiritueller Führerin stellt traditionelle christliche Narrative in Frage und lädt zu einer Neubetrachtung der Rolle der Frau in der frühchristlichen Bewegung ein. Das Marienevangelium betont inneres Wissen und persönliche Transformation und präsentiert eine Botschaft der Liebe, Vergebung und des inneren Friedens, die mit den umfassenderen Themen des Gnostizismus in Einklang steht. Als Historiker offenbart die Untersuchung des Marienevangeliums die reiche und vielfältige Landschaft der frühchristlichen Spiritualität und bietet Einblicke in die Komplexität und Möglichkeiten des Glaubens.

Kapitel 11

Valentinianischer Gnostizismus: Eine prominente gnostische Schule

Valentinus und seine Lehren

Der Valentinianische Gnostizismus stellt einen der anspruchsvollsten und einflussreichsten Zweige des gnostischen Denkens im frühen Christentum dar. Diese von Valentinus, einem in Ägypten geborenen Theologen und Dichter, gegründete Denkschule entstand im zweiten Jahrhundert n. Chr. und erlangte aufgrund ihrer komplexen Kosmologie und tiefgreifenden theologischen Erkenntnisse schnell Bedeutung. Valentinus, der behauptete, seine Lehren von Theudas, einem Schüler des Apostels Paulus, erhalten zu haben, entwickelte ein System, das die erfahrungsbezogenen und mystischen Aspekte des Gnostizismus mit der aufkommenden orthodoxen christlichen Tradition in Einklang bringen wollte.

Valentinus war ein intellektueller Riese seiner Zeit, der sich sowohl mit der platonischen Philosophie als auch mit der christlichen Lehre bestens auskannte. Seine Lehren betonten die Idee, dass die Erlösung durch Gnosis oder Wissen erfolgt, das nicht nur intellektuell, sondern erfahrungsorientiert und transformativ ist. Laut Valentinus ist die materielle Welt das Ergebnis einer kosmischen Tragödie, eines Absturzes von einer höheren, spirituellen Realität. Diese kosmologische Sichtweise geht davon aus, dass der wahre Gott ein transzendentes und unerkennbares Wesen ist, aus dem eine Reihe göttlicher Wesenheiten hervorgegangen sind, die als Äonen bekannt sind. Diese Äonen bilden das Pleroma oder die Fülle des göttlichen Reiches.

Im Mittelpunkt des Valentinianischen Denkens steht die Figur der Sophia, der letzten Äonin, deren Sturz und anschließende Reue zur Erschaffung der materiellen Welt führten. Sophias Abstieg und die daraus resultierende Unordnung führten zu einer fehlerhaften Schöpfung, die von einer geringeren Gottheit regiert wurde, dem Demiurgen, der oft mit dem Gott des Alten Testaments identifiziert wurde. Valentinus lehrte, dass der Mensch einen göttlichen Funken besitzt, einen Überrest von Sophias Essenz, der sich danach sehnt, zum Pleroma zurückzukehren. Der Weg zur Erlösung beinhaltet das Erwachen zu diesem göttlichen Funken durch Gnosis, erleichtert durch die Lehren und Sakramente der Valentinianischen Gemeinschaft.

Der Valentinianismus führte auch zu einem differenzierteren Verständnis von Jesus Christus. Valentinus lehrte, dass Christus als göttlicher Logos vom Pleroma herabgestiegen sei, um das für die Erlösung der Menschheit notwendige Wissen zu vermitteln. Nach Valentins Auffassung war Jesus sowohl göttlich als auch menschlich, eine Doppelnatur, die es ihm ermöglichte, die Kluft zwischen dem materiellen und dem spirituellen Bereich zu überbrücken. Seine Lehren und seine Leidenschaft galten als die ultimative Offenbarung des göttlichen Geheimnisses und führten die Gläubigen zur

Gnosis und Wiedereingliederung in das göttliche Pleroma.

Die Valentinianische Interpretation des Christentums

Die Valentinianische Interpretation des Christentums zeichnet sich durch eine ausgefeilte Kosmologie, ausgefeilte theologische Konzepte und besondere Rituale aus. Im Kern versucht der Valentinianismus, das Problem des Bösen und der menschlichen Verfassung anzugehen, indem er eine umfassende Darstellung des Ursprungs und der Bestimmung der Seele bietet. Im Gegensatz zum orthodoxen Christentum, das sich auf den Glauben und den Gehorsam gegenüber dem göttlichen Gesetz konzentriert, betont der Valentinianismus die innere Erleuchtung und die transformative Kraft der Gnosis.

Die Valentinianer betrachteten die materielle Welt als grundlegend fehlerhaft, eine Folge von Sophias Sturz. Sie lehnten die Welt jedoch nicht vollständig ab, sondern versuchten, sie durch spirituelles Wissen zu transzendieren. Diese dualistische Sichtweise postulierte einen starken Kontrast zwischen dem materiellen und dem spirituellen Bereich, wobei letzterer die wahre Heimat der Seele sei. Die Valentinssakramente, darunter die Taufe, die Eucharistie und das Brautgemach, galten als wesentliche Riten, die den Aufstieg der Seele zum Pleroma erleichterten.

Im Valentinianischen Denken spielt die Figur Christi eine zentrale Rolle. Jesus wird als der inkarnierte Logos gesehen, der vom Pleroma herabstieg, um das verborgene Wissen zu offenbaren, das für die Erlösung notwendig ist. Seine Lehren, sein Tod und seine Auferstehung werden als symbolische Handlungen interpretiert, die den Weg der Seele von der Unwissenheit zur Erleuchtung, vom materiellen Bereich zum Göttlichen veranschaulichen. Diese Interpretation der Mission Christi unterstreicht die transformative Kraft der Gnosis im Gegensatz zur orthodoxen Betonung der Sühne und Erlösung allein durch den Glauben.

Die Gemeinschaft der Valentinianer basierte auf einem hierarchischen System von Eingeweihten, wobei zwischen pneumatischen (spirituellen) und übersinnlichen (seelenvollen) Gläubigen unterschieden wurde. Die Pneumatiker waren diejenigen, die die Gnosis erlangt hatten und dazu bestimmt waren, zum Pleroma zurückzukehren, während die Hellseher sich noch im Prozess des spirituellen Erwachens befanden. Diese Unterscheidung spiegelt den Valentinschen Glauben an die Prädestination und die Vorstellung wider, dass nur wenige Auserwählte den göttlichen Funken besitzen, der für die vollständige Erlösung notwendig ist.

Valentinianische Texte wie das Evangelium der Wahrheit und die Abhandlung über die Auferstehung bieten reichhaltige Einblicke in ihre theologische Weltanschauung. Diese Schriften betonen die Bedeutung der Selbsterkenntnis, die Rolle des Erlösers und das ultimative Ziel der Wiedervereinigung mit dem Göttlichen. Sie spiegeln auch die Bemühungen der Gemeinschaft wider, eine kohärente und überzeugende

Interpretation der christlichen Lehre zu formulieren, die neben der aufkommenden Orthodoxie stehen könnte.

Einfluss auf das frühchristliche Denken

Der Valentinianische Gnostizismus hatte einen tiefgreifenden Einfluss auf das frühchristliche Denken, sowohl als Quelle theologischer Innovation als auch als Ziel orthodoxer Opposition. Die intellektuelle und spirituelle Strenge der Lehren Valentins zog viele Anhänger an, darunter prominente christliche Denker wie Clemens von Alexandria und Origenes, die sich mit gnostischen Ideen auseinandersetzten, während sie gleichzeitig versuchten, orthodoxe Positionen zu verteidigen.

Die Herausforderung durch den Valentinianismus zwang die frühe Kirche, ihre eigenen Lehren zu klären und zu kodifizieren. Theologen wie Irenäus von Lyon und Tertullian schrieben ausführlich gegen die Valentinianer und versuchten, ihre Kosmologie und Christologie zu widerlegen. Diese polemischen Schriften sind zwar oft

feindselig, bieten aber auch wertvolle Einblicke in die
dynamischen theologischen Debatten der Zeit. Irenäus'
„Gegen die Häresien" beispielsweise übt systematische
Kritik an der Valentinianischen Lehre und bietet eine
Verteidigung der aufkommenden orthodoxen Position.

Trotz der Bemühungen, den Valentinianismus zu
unterdrücken, blieb sein Einfluss bestehen. Elemente des
valentinischen Denkens, insbesondere seine Betonung
des inneren Wissens und der symbolischen Interpretation
der Heiligen Schrift, finden sich in den Schriften späterer
Mystiker und Theologen. Die Vorstellung eines
verborgenen, esoterischen Wissens, das die exoterischen
Lehren der Kirche ergänzt, fand in verschiedenen
mystischen Traditionen in der gesamten christlichen
Geschichte Widerhall.

Darüber hinaus hat die Wiederentdeckung gnostischer
Texte im 20. Jahrhundert, insbesondere der Nag
Hammadi-Bibliothek, das Interesse am Valentinianismus
und seinen Beiträgen zum frühchristlichen Denken neu
entfacht. Diese Texte bieten ein differenzierteres und

sympathischeres Verständnis des gnostischen Glaubens und stellen die traditionelle Sichtweise des Gnostizismus als rein ketzerische Bewegung in Frage. Wissenschaftler erkennen heute die Komplexität und Vielfalt des frühen Christentums, wobei der Valentinianismus einen bedeutenden und einflussreichen Zweig innerhalb dieses breiteren Spektrums darstellt.

Der Valentinianische Gnostizismus betont auch die Rolle der Frau in frühchristlichen Gemeinschaften. Texte wie das Marienevangelium und die Exegese über die Seele legen nahe, dass Frauen in gnostischen Kreisen eine herausragende Rolle spielten und oft als Lehrerinnen und spirituelle Führerinnen fungierten. Diese Inklusivität steht im Gegensatz zur eher hierarchischen und patriarchalischen Struktur der orthodoxen Kirche und bietet einen Einblick in alternative Modelle christlicher Gemeinschaft und Führung.

Der Valentinianische Gnostizismus repräsentiert eine reiche und vielschichtige Tradition innerhalb des frühen Christentums. Seine ausgefeilte Theologie, die Betonung des inneren Wissens und die besonderen Rituale bieten eine überzeugende Alternative zum aufkommenden orthodoxen Rahmen. Valentinus und seine Anhänger versuchten, die erfahrungsbezogenen und mystischen Dimensionen des Gnostizismus mit der breiteren christlichen Tradition in Einklang zu bringen und hinterließen so ein bleibendes Erbe, das weiterhin das zeitgenössische Verständnis der frühchristlichen Geschichte inspiriert und herausfordert. Als Historiker liefert die Untersuchung des Valentinianischen Gnostizismus wertvolle Einblicke in die Vielfalt und Komplexität des frühchristlichen Denkens und enthüllt das dynamische Zusammenspiel von Orthodoxie und Heterodoxie in den prägenden Jahrhunderten des christlichen Glaubens.

Kapitel 12

Der gnostische Weg zur Erlösung

Wissen (Gnosis) als Schlüssel zur Erlösung

In der weiten und komplizierten Landschaft des frühen christlichen Denkens zeichnet sich der Gnostizismus durch seine tiefgreifende Betonung des Wissens oder der Gnosis als wesentlichen Schlüssel zur Erlösung aus. Im Gegensatz zum orthodoxen Christentum, das traditionell den Glauben und die göttliche Gnade betont, konzentrieren sich gnostische Traditionen auf ein transformatives, erfahrungsbasiertes Wissen, das die verborgenen Wahrheiten des Kosmos und des göttlichen Selbst offenbart. Diese Gnosis ist nicht nur ein intellektuelles Verständnis, sondern eine intime, mystische Erfahrung, die die Seele zu ihren göttlichen Ursprüngen und ihrer endgültigen Bestimmung erweckt.

Im Zentrum des gnostischen Glaubens steht die Vorstellung, dass die materielle Welt eine fehlerhafte und korrupte Schöpfung ist, das Produkt eines geringeren göttlichen Wesens, das oft als Demiurg identifiziert wird. Dieses Wesen kennt in der gnostischen Kosmologie den wahren, transzendenten Gott nicht und erschafft eine Welt, die göttliche Funken in den Grenzen der physischen Materie einschließt. Menschen, die diese göttlichen Funken besitzen, werden daher als Verbannte in einer feindlichen Welt angesehen, die sich nach einer Rückkehr zum Pleroma, der Fülle des göttlichen Reiches, sehnen.

Gnosis ist in diesem Zusammenhang das erlösende Wissen, das es der Seele ermöglicht, ihre wahre Natur zu erkennen und die vom Demiurgen auferlegten materiellen Beschränkungen zu überwinden. Dieses Wissen wird oft als geheime, esoterische Weisheit dargestellt, die von ausgewählten Eingeweihten weitergegeben wird, und steht in scharfem Kontrast zu den exoterischen Lehren, die der allgemeinen Bevölkerung zugänglich sind. Für Gnostiker gleicht der

Erwerb der Gnosis einem Erwachen aus einem tiefen Schlaf, einem Erwachen zur göttlichen Realität, die jenseits der Illusionen der materiellen Welt liegt.

Der Prozess, Gnosis zu erlangen, ist zutiefst persönlich und transformativ. Es beinhaltet eine tiefgreifende innere Reise, einen Prozess der Selbstfindung, der den göttlichen Funken in uns entdeckt. Diese Reise wird oft durch die Lehren und Führung eines spirituellen Mentors oder Führers erleichtert, der dem Suchenden hilft, sich in der Komplexität der materiellen Welt und der spirituellen Bereiche dahinter zurechtzufinden. Der gnostische Weg zur Erlösung ist daher durch eine intensive Fokussierung auf die persönliche Erleuchtung und die direkte Erfahrung des Göttlichen gekennzeichnet.

Die Reise der Seele im gnostischen Glauben

Die Reise der Seele im gnostischen Glauben ist eine zentrale Erzählung, die sich über eine Reihe von Phasen entfaltet, von denen jede eine tiefere Ebene des

Verständnisses und des spirituellen Erwachens darstellt. Diese Reise beginnt mit der Erkenntnis, dass die Seele in der materiellen Welt gefangen ist, einem Zustand der Unwissenheit und Vergesslichkeit, der ihren göttlichen Ursprung verdeckt. Die Seele, die sich ihrer wahren Natur zunächst nicht bewusst ist, ist in einem Kreislauf aus Leiden und Illusion gefangen, gebunden an die Beschränkungen des physischen Körpers und die trügerische Verlockung der materiellen Welt.

Die erste Phase der Seelenreise beinhaltet ein Erwachen, das oft durch einen Moment tiefer Einsicht oder spiritueller Offenbarung ausgelöst wird. Dieses Erwachen ist ein entscheidender Moment in der gnostischen Praxis, da es den Beginn der Rückkehr der Seele zum Pleroma markiert. Die Seele, die sich nun ihres göttlichen Funkens bewusst ist, beginnt, nach dem verborgenen Wissen zu suchen, das sie zu ihrer wahren Heimat zurückführen wird. Diese Suche nach Gnosis wird oft als Kampf gegen die Mächte der Unwissenheit und Täuschung dargestellt, symbolisiert durch die

Archonten oder Herrscher, die die materielle Welt regieren.

Während die Seele auf ihrer Reise fortschreitet, macht sie eine Reihe transformativer Erfahrungen durch, die ihr Verständnis reinigen und erweitern. Diese Erfahrungen werden oft durch Rituale und Praktiken erleichtert, die darauf abzielen, die Verbindung des Suchenden mit dem Göttlichen zu vertiefen. Gnostische Rituale wie die Taufe, die Eucharistie und das Brautgemach dienen als symbolische Inszenierungen des Aufstiegs der Seele und stellen jeweils einen Schritt zu größerer spiritueller Erleuchtung dar.

Das Konzept des Brautgemachs ist in der gnostischen Praxis besonders bedeutsam. Es symbolisiert die Vereinigung der Seele mit ihrem göttlichen Gegenstück, eine mystische Hochzeit, die die Seele in ihren ursprünglichen, ungeteilten Zustand zurückversetzt. Diese Vereinigung wird als Höhepunkt der Seelenreise angesehen, als Rückkehr zum Pleroma und zur Fülle des Göttlichen. Das Brautgemach stellt somit das ultimative

Ziel der gnostischen Praxis dar, die Wiedereingliederung der Seele in die göttliche Realität, aus der sie stammt.

Die Reise der Seele ist im gnostischen Glauben auch durch die Betonung der inneren Transformation gekennzeichnet. Im Gegensatz zu den äußeren, rituellen Praktiken des orthodoxen Christentums sind gnostische Praktiken zutiefst introspektiv und konzentrieren sich auf die inneren Erfahrungen und Einsichten des einzelnen Suchenden. Diese Betonung der persönlichen Erleuchtung und der direkten Erfahrung des Göttlichen unterscheidet den Gnostizismus von anderen frühchristlichen Traditionen und unterstreicht seinen einzigartigen Ansatz zur Erlösung und zum spirituellen Erwachen.

Rituale und Praktiken, die zur Erleuchtung führen

Gnostische Rituale und Praktiken spielen eine entscheidende Rolle bei der Erleichterung der Reise der Seele zur Erleuchtung und Wiedereingliederung in das

Göttliche. Diese Praktiken sollen den göttlichen Funken im Inneren erwecken, die Seele reinigen und den Suchenden zu einem tieferen Verständnis der verborgenen Wahrheiten des Kosmos führen. Jedes Ritual dient als symbolische Inszenierung des Aufstiegs der Seele und versorgt den Suchenden mit den Werkzeugen und Erfahrungen, die für eine spirituelle Transformation notwendig sind.

Eines der bedeutendsten gnostischen Rituale ist die Taufe, die das Abwaschen der Unreinheiten der materiellen Welt und die Wiedergeburt der Seele in einen Zustand spiritueller Reinheit symbolisiert. Im Gegensatz zur orthodoxen christlichen Taufe, die oft als Initiationsritus in die Gemeinschaft der Gläubigen angesehen wird, ist die gnostische Taufe eine zutiefst persönliche Erfahrung, die das Erwachen des Einzelnen zu seiner göttlichen Natur darstellt. Dieses Ritual wird oft von Gebeten, Hymnen und Salbungen mit Öl begleitet, die alle dazu dienen, die Verbindung des Suchenden mit dem Göttlichen zu stärken.

Die Eucharistie, ein weiteres zentrales gnostisches Ritual, dient als symbolische Darstellung der Nahrung und Erhaltung der Seele durch das Göttliche. In der gnostischen Praxis ist die Eucharistie nicht nur ein Gedenken an das Letzte Abendmahl, sondern eine mystische Erfahrung, die die Vereinigung des Suchenden mit dem Göttlichen verkörpert. Brot und Wein, Symbole des Leibes und Blutes Christi, gelten als Kanäle göttlicher Energie, die die Seele nähren und ihren Aufstieg zum Pleroma erleichtern.

Das Brautgemach ist, wie bereits erwähnt, eines der tiefgründigsten und esoterischsten gnostischen Rituale. Es stellt die mystische Vereinigung der Seele mit ihrem göttlichen Gegenstück dar, eine symbolische Hochzeit, die die Seele in ihren ursprünglichen, ungeteilten Zustand zurückversetzt. Dieses Ritual beinhaltet oft aufwändige Zeremonien und Gebete, die ein tiefes Gefühl der Verbundenheit mit dem Göttlichen hervorrufen sollen. Das Brautgemach gilt als Höhepunkt des gnostischen Weges, als letzte Etappe auf dem Weg der Seele zur Erleuchtung und Wiedereingliederung in das Göttliche.

Zusätzlich zu diesen formellen Ritualen umfasst die gnostische Praxis auch eine Vielzahl persönlicher und gemeinschaftlicher Praktiken, die darauf abzielen, die Verbindung des Suchenden mit dem Göttlichen zu vertiefen. Diese Praktiken beinhalten oft Meditation, Kontemplation und das Studium heiliger Texte, die alle darauf abzielen, ein tieferes Verständnis der verborgenen Wahrheiten des Kosmos zu fördern. Gnostische Gemeinschaften versammelten sich oft zu gemeinsamen Gottesdiensten und Studien und boten Suchenden eine unterstützende Umgebung, in der sie ihre Erkenntnisse und Erfahrungen austauschen konnten.

Das Studium heiliger Texte spielt in der gnostischen Praxis eine besonders wichtige Rolle. Gnostische Schriften wie das Thomasevangelium, das Geheime Buch des Johannes und das Philippusevangelium bieten tiefe Einblicke in die Natur des Göttlichen und den Weg der Seele zur Erleuchtung. Diese Texte werden oft als verborgene, esoterische Bedeutungen angesehen, die nur durch tiefe Kontemplation und spirituelle Einsicht verstanden werden können. Das Studium dieser Texte ist daher ein wesentlicher Bestandteil des gnostischen Weges und vermittelt Suchenden das Wissen und die Weisheit, die sie für ihre spirituelle Reise benötigen.

Gnostische Meditations- und Kontemplationspraktiken sollen eine direkte Erfahrung des Göttlichen ermöglichen. Bei diesen Praktiken geht es oft darum, die Aufmerksamkeit auf den göttlichen Funken im Inneren zu richten, um den Geist zu beruhigen und das Herz für die Gegenwart des Göttlichen zu öffnen. Durch diese Praktiken streben Suchende danach, die Beschränkungen der materiellen Welt zu überwinden und die Fülle der göttlichen Realität zu erfahren.

Der gemeinschaftliche Aspekt der gnostischen Praxis ist ebenfalls bedeutsam. Gnostische Gemeinschaften boten Suchenden ein unterstützendes Umfeld, in dem sie ihre Erfahrungen, Erkenntnisse und Kämpfe austauschen konnten. Diese Gemeinschaften versammelten sich oft zu gemeinsamen Gottesdiensten, Studien und Ritualen, wodurch ein Gefühl der Solidarität und gegenseitigen Unterstützung entstand. Dieser gemeinschaftliche Aspekt der gnostischen Praxis unterstreicht die Bedeutung gemeinsamer Erfahrungen und gegenseitiger Ermutigung auf dem spirituellen Weg.

Der gnostische Weg zur Erlösung ist eine zutiefst transformierende Reise, die die Bedeutung persönlicher Erleuchtung und direkter Erfahrung des Göttlichen betont. Durch eine Kombination aus Ritualen, persönlichen Praktiken und gemeinschaftlicher Unterstützung streben gnostische Suchende danach, den göttlichen Funken in ihrem Inneren zu erwecken, ihre Seelen zu reinigen und das verborgene Wissen zu erlangen, das für ihre Wiedereingliederung in das Göttliche notwendig ist. Diese Betonung der Gnosis oder des Erfahrungswissens unterscheidet den Gnostizismus von anderen frühchristlichen Traditionen und unterstreicht seinen einzigartigen Ansatz zur Erlösung und zum spirituellen Erwachen. Als Historiker liefert die Untersuchung des gnostischen Heilswegs wertvolle

Einblicke in die Vielfalt und Komplexität des frühen christlichen Denkens und enthüllt das reiche Spektrum an Überzeugungen und Praktiken, die diese rätselhafte und einflussreiche Tradition prägten.

Kapitel 13

Gnostischer Einfluss auf die frühchristliche Theologie

Überschneidungen und Divergenzen mit dem orthodoxen Christentum

Der Gnostizismus mit seinen unterschiedlichen Überzeugungen und Praktiken stellte sowohl eine Herausforderung als auch einen Katalysator für die Entwicklung der frühchristlichen Theologie dar. Die Überschneidungen und Divergenzen zwischen gnostischem und orthodoxem christlichem Denken verdeutlichen die dynamische und oft umstrittene Natur des frühen christlichen intellektuellen und spirituellen Lebens. Das Verständnis dieser Wechselwirkungen ermöglicht einen tieferen Einblick in die Entwicklung der christlichen Lehre und das anhaltende Streben nach theologischer Klarheit in der entstehenden Kirche.

Im Kern vertrat der Gnostizismus eine radikal andere Weltanschauung als das orthodoxe Christentum. Das gnostische Denken betonte die Existenz eines höchsten, unerkennbaren Gottes, der sich vom Schöpfergott oder Demiurgen unterscheidet, der die materielle Welt geschaffen hat. Diese dualistische Sichtweise ging davon aus, dass die materielle Welt von Natur aus fehlerhaft oder sogar böse sei, ein Gefängnis für den göttlichen Funken in jedem Menschen. Nach gnostischen Begriffen beinhaltete die Erlösung den Erwerb von Gnosis – esoterischem Wissen, das die Seele aus dem materiellen Bereich befreien und sie zu ihrem göttlichen Ursprung zurückführen würde.

Im Gegensatz dazu betonte das orthodoxe Christentum die Güte der Schöpfung, wie in der Genesis-Erzählung dargestellt, in der Gott die geschaffene Welt für „sehr gut" erklärt. Diese theologische Haltung bestätigte, dass die materielle Welt, obwohl gefallen, durch die Inkarnation, den Tod und die Auferstehung Jesu Christi erlöst werden konnte. Orthodoxe Christen glaubten, dass die Erlösung für alle durch den Glauben an Christus, die Sakramente und die Einhaltung der Lehren der Apostel zugänglich sei.

Trotz dieser grundlegenden Unterschiede gab es auch erhebliche Überschneidungen zwischen gnostischem und orthodoxem christlichem Denken. Beide Traditionen teilten ein tiefes Interesse an der Person und den Lehren Jesu. In gnostischen Texten wurde Jesus oft als Offenbarer verborgener Weisheit dargestellt, dessen Lehren einen Weg zur spirituellen Erleuchtung boten. Ebenso verehrte das orthodoxe Christentum Jesus als das fleischgewordene Wort Gottes, dessen Leben und Lehren den Grundstein des Glaubens und der Praxis bildeten.

Die Schnittstelle zwischen gnostischem und orthodoxem Glauben wird besonders deutlich in ihren jeweiligen Christologien. Einige gnostische Sekten betrachteten Jesus als ein göttliches Wesen, das nur scheinbar ein Mensch war (eine Ansicht, die als Doketismus bekannt ist) und betonten seine Rolle als himmlischer Bote. Diese Perspektive spiegelte sich in den frühen christlichen Debatten über die Natur Christi wider, einschließlich Diskussionen über seine Göttlichkeit und Menschlichkeit. Das orthodoxe Christentum bekräftigte letztendlich die volle Göttlichkeit und Menschlichkeit Jesu in der Menschwerdungslehre, doch der Einfluss des gnostischen Denkens lässt sich in der Vielfalt früher christologischer Ansichten erkennen.

Auswirkungen auf frühe Kirchenväter und Konzilien

Die Präsenz und der Einfluss des gnostischen Denkens hatten erheblichen Einfluss auf die Schriften und theologischen Entwicklungen der frühen Kirchenväter. Persönlichkeiten wie Irenäus, Tertullian und Origenes beschäftigten sich direkt mit den gnostischen Lehren, oft in polemischen Kontexten, als sie versuchten, die orthodoxe christliche Lehre zu definieren und zu verteidigen.

Irenäus, der Bischof von Lyon, ist vielleicht am besten für sein Werk „Gegen Häresien" bekannt, eine umfassende Widerlegung gnostischer Überzeugungen. Im späten zweiten Jahrhundert katalogisierte Irenäus akribisch verschiedene gnostische Sekten und ihre Lehren und betonte deren Abweichungen von dem, was er für den wahren apostolischen Glauben hielt. Sein Beharren auf der Einheit des Alten und Neuen Testaments und der Kontinuität von Gottes Heilsplan widersprach dem gnostischen Dualismus, der den materiellen und den spirituellen Bereich trennte.

Auch Tertullian, ein weiterer früher Kirchenvater, schrieb ausführlich gegen den Gnostizismus. Seine Abhandlungen betonten die Bedeutung der apostolischen Tradition und die Autorität der Kirche als Hüterin der wahren Lehre. Tertullians energische Verteidigung der physischen Auferstehung des Körpers widersprach direkt den gnostischen Ansichten, die die materielle Welt und den menschlichen Körper verunglimpften. Seine Schriften trugen zur Etablierung zentraler christlicher Lehren bei, darunter die Natur der Sakramente und die Rolle der Kirche.

Origenes, einer der einflussreichsten Theologen der frühen christlichen Ära, beschäftigte sich differenzierter mit dem gnostischen Denken. Während er die gnostische Kosmologie und ihre negative Beurteilung der Schöpfung entschieden ablehnte, spiegelte Origenes' Betonung der allegorischen Interpretation der Heiligen Schrift und des Aufstiegs der Seele zu Gott einige konzeptionelle Ähnlichkeiten mit gnostischen spirituellen Bestrebungen wider. Seine umfangreichen Schriften über Theologie, Bibelexegese und Spiritualität waren maßgeblich an der Gestaltung des christlichen Denkens beteiligt, auch wenn sie gnostische Ideen thematisierten und widerlegten.

Der Einfluss des Gnostizismus erstreckte sich auch auf die frühen ökumenischen Konzile, auf denen Debatten über die Natur Christi und den Kanon der Heiligen Schrift im Mittelpunkt standen. Das Konzil von Nicäa im Jahr 325 n. Chr. befasste sich beispielsweise mit Fragen im Zusammenhang mit der Göttlichkeit Christi, teilweise als Reaktion auf unterschiedliche und manchmal gnostisch beeinflusste christologische

Ansichten. Die Bestätigung der Wesensgleichheit Christi mit dem Vater durch das Konzil war ein entscheidender Moment für die Definition des orthodoxen christlichen Glaubens.

Der Prozess der Kanonbildung wurde auch durch das Vorhandensein gnostischer Texte beeinflusst. Die Notwendigkeit, orthodoxe christliche Schriften von solchen gnostischen Ursprungs zu unterscheiden, führte zur Festlegung des neutestamentlichen Kanons. Kirchenführer versuchten sicherzustellen, dass die im Kanon enthaltenen Texte mit der apostolischen Lehre und der orthodoxen Theologie im Einklang standen. Der Ausschluss gnostischer Evangelien und anderer Schriften aus dem Kanon war ein wesentlicher Aspekt dieses Prozesses und spiegelte die Bemühungen der Kirche wider, die Reinheit der Lehre zu bewahren.

Das Erbe des Gnostizismus in der christlichen Lehre

Trotz der schließlichen Marginalisierung gnostischer Sekten und Texte übte das Erbe des Gnostizismus weiterhin einen subtilen, aber dauerhaften Einfluss auf die christliche Lehre und Spiritualität aus. Die Debatten und Interaktionen zwischen gnostischem und orthodoxem christlichem Denken trugen zur Klärung und Formulierung zentraler theologischer Konzepte bei und bereicherten das intellektuelle und spirituelle Erbe der Kirche.

Eines der bleibenden Vermächtnisse des Gnostizismus ist seine Betonung der inneren, mystischen Erfahrung des Göttlichen. Während das orthodoxe Christentum eine strukturiertere Herangehensweise an Theologie und kirchliche Autorität entwickelte, fand der gnostische Fokus auf persönliches, transformatives Wissen Widerhall in verschiedenen mystischen und kontemplativen Traditionen innerhalb des Christentums. Die Schriften von Mystikern wie Meister Eckhart, Julian von Norwich und Teresa von Ávila stehen zwar fest in der orthodoxen Tradition, spiegeln jedoch eine tiefe Auseinandersetzung mit den inneren Dimensionen spiritueller Erfahrung wider, die mit gnostischen Themen in Einklang steht.

Die Herausforderung des Gnostizismus für die orthodoxe christliche Kosmologie löste auch eine tiefere theologische Reflexion über die Natur der Schöpfung und das Problem des Bösen aus. Die Bekräftigung der Güte der Schöpfung trotz der Anwesenheit von Bösem und Leid erforderte ein differenziertes Verständnis der Beziehung zwischen dem materiellen und dem spirituellen Bereich. Diese theologische Untersuchung trug zur Entwicklung von Lehren wie der Erbsünde und dem Erlösungswerk Christi bei, die sich mit dem gefallenen Zustand der Welt befassen und gleichzeitig ihr Erlösungspotenzial bekräftigen wollten.

Die gnostische Betonung des göttlichen Funkens in jedem Menschen beeinflusste auch die christliche Anthropologie und löste Diskussionen über die Natur der

Seele und ihre Beziehung zu Gott aus. Während das orthodoxe Christentum den gnostischen Dualismus ablehnte, der den Körper abwertete, bekräftigte es dennoch die Fähigkeit der Seele zur innigen Verbindung mit dem Göttlichen. Das Konzept der imago Dei, der Glaube, dass Menschen nach dem Bilde Gottes geschaffen sind, spiegelt eine theologische Bestätigung der göttlichen Präsenz in jedem Menschen wider, wenn auch auf eine Weise, die Körper und Seele integriert.

Darüber hinaus fanden gnostische Vorstellungen über die verborgene Weisheit und die esoterischen Lehren Jesu eine Parallele in der orthodoxen christlichen Wertschätzung für die Tiefe und den Reichtum der Heiligen Schrift. Die allegorischen und typologischen Methoden der Bibelauslegung, die von frühen Kirchenvätern wie Origenes und Augustinus entwickelt wurden, wurden teilweise von der Erkenntnis beeinflusst, dass die Heilige Schrift mehrere Bedeutungsebenen enthält. Dieser Ansatz ermöglichte eine tiefere Auseinandersetzung mit dem biblischen Text und ermutigte die Gläubigen, tiefere spirituelle

Einsichten zu suchen, die über den wörtlichen Sinn hinausgehen.

Der gnostische Einfluss auf die frühchristliche Theologie war sowohl eine Herausforderung als auch ein Katalysator für die Entwicklung des orthodoxen christlichen Denkens. Die Wechselwirkungen zwischen gnostischen und orthodoxen Überzeugungen führten zu einer klareren Formulierung zentraler Lehren und bereicherten das spirituelle und intellektuelle Erbe der Kirche. Als Historiker liefert die Untersuchung des Erbes des Gnostizismus wertvolle Einblicke in die Vielfalt und Komplexität der frühchristlichen Theologie und verdeutlicht die dynamische und oft umstrittene Natur der Suche nach Wahrheit und Verständnis in der entstehenden christlichen Gemeinschaft. Der anhaltende Einfluss gnostischer Themen auf die christliche Mystik, Kosmologie und Bibelauslegung unterstreicht den tiefgreifenden und dauerhaften Einfluss dieser rätselhaften und einflussreichen Tradition.

Kapitel 14

Die Unterdrückung des gnostischen Denkens

Die Antwort der Kirche auf den Gnostizismus

Das Aufkommen des gnostischen Denkens mit seinen esoterischen Lehren und seiner ausgeprägten Kosmologie stellte eine große Herausforderung für die frühchristliche Kirche dar. Als die Kirche versuchte, die Orthodoxie zu definieren und eine einheitliche Lehre zu etablieren, wurden die unterschiedlichen Ansichten des Gnostizismus zum Brennpunkt theologischer Auseinandersetzungen. Die Reaktion der Kirche auf den Gnostizismus war vielfältig und umfasste theologische Widerlegung, organisatorische Maßnahmen und schließlich politische Maßnahmen zur Unterdrückung dieser alternativen Überzeugungen.

Die frühen Kirchenväter spielten eine entscheidende Rolle bei der Reaktion auf die Verbreitung gnostischer Ideen. Persönlichkeiten wie Irenäus von Lyon, Tertullian und Hippolytus von Rom schrieben ausführlich gegen die gnostischen Lehren und versuchten, das aufzudecken, was sie als ketzerische Abweichungen vom apostolischen Christentum ansahen. Irenäus katalogisierte in seinem bahnbrechenden Werk „Gegen Häresien" akribisch verschiedene gnostische Sekten und ihre Lehren und argumentierte, dass der Gnostizismus die grundlegenden Wahrheiten des Christentums untergräbt. Er betonte die Bedeutung der Aufrechterhaltung der apostolischen Tradition und der Einheit der Kirche, die seiner Meinung nach durch gnostischen Dualismus und Geheimwissen bedroht sei.

Auch Tertullian, ein bekannter Theologe und Apologet, befasste sich in seinen Schriften mit der Herausforderung des Gnostizismus. Er kritisierte die Gnostiker für ihre allegorische Interpretation der Heiligen Schrift, die seiner Meinung nach die klare Bedeutung des biblischen Textes verzerrte. Tertullians

Verteidigung der physischen Auferstehung des Körpers war eine direkte Reaktion auf gnostische Ansichten, die die materielle Welt abwerteten und eine rein spirituelle Erlösung betonten. Sein polemischer Stil und seine rigorosen Argumente trugen dazu bei, orthodoxe Positionen zu zentralen theologischen Fragen zu festigen.

Hippolyt von Rom, ein weiterer einflussreicher früher Kirchenvater, setzte die Arbeit von Irenäus und Tertullian fort, indem er in seiner „Widerlegung aller Häresien" gnostische Lehren dokumentierte und widerlegte. Hippolytus wollte die Inkonsistenzen und Widersprüche innerhalb des gnostischen Denkens aufzeigen und es als Abweichung von der wahren christlichen Lehre darstellen. Seine Bemühungen waren Teil einer umfassenderen kirchlichen Strategie, den gnostischen Glauben an den Rand zu drängen und die Autorität der orthodoxen Kirche zu stärken.

Die Reaktion der Kirche auf den Gnostizismus beschränkte sich nicht auf theologische Widerlegung.

Darüber hinaus wurden organisatorische Maßnahmen ergriffen, um die Einheit und Autorität der Kirche in der Lehre zu stärken. Die Etablierung der bischöflichen Hierarchie, bei der die Bischöfe die örtlichen Gemeinden beaufsichtigten und für die Konformität mit der Lehre sorgten, war ein entscheidender Schritt in diesem Prozess. Die Bildung von Glaubensbekenntnissen wie dem Nicänischen Glaubensbekenntnis lieferte eine klare und prägnante Zusammenfassung orthodoxer Überzeugungen und diente als Maßstab, an dem ketzerische Lehren, einschließlich des Gnostizismus, gemessen werden konnten.

Als der Einfluss der Kirche zunahm, wurde politisches Handeln zu einem Instrument zur Unterdrückung gnostischen Denkens. Die Konvertierung Kaiser Konstantins zum Christentum und das darauffolgende Edikt von Mailand im Jahr 313 n. Chr. markierten den Beginn der Zusammenarbeit der Kirche mit dem römischen Staat. Dieses Bündnis gab der Kirche die politische Macht, Häresien wirksamer zu bekämpfen. Das von Konstantin einberufene Erste Konzil von Nicäa im Jahr 325 n. Chr. hatte zum Ziel, theologische Streitigkeiten beizulegen und eine einheitliche christliche Lehre zu etablieren. Obwohl sich das Konzil in erster Linie mit der arianischen Kontroverse befasste, stärkten seine Entscheidungen auch die Autorität der Kirche, die Orthodoxie zu definieren und durchzusetzen.

Politische und theologische Konflikte

Die Unterdrückung des gnostischen Denkens war nicht nur ein theologisches Unterfangen; es war auch eng mit politischen und sozialen Dynamiken verwoben. Die Bemühungen der Kirche, den Gnostizismus zu beseitigen, umfassten die Navigation durch komplexe politische Landschaften und die Auseinandersetzung mit umfassenderen gesellschaftlichen Bedenken hinsichtlich religiöser Autorität und Einheit.

Das Römische Reich mit seiner vielfältigen Bevölkerung und der Vielzahl religiöser Traditionen bot ein herausforderndes Umfeld für die Etablierung einer einheitlichen christlichen Lehre. Die Präsenz verschiedener gnostischer Sekten, jede mit ihren eigenen Interpretationen und Praktiken, bedrohte den Zusammenhalt der entstehenden christlichen Gemeinschaft. Die Kirche, die sich als legitimer Erbe des apostolischen Christentums präsentieren wollte, musste ihre Autorität behaupten und sich von diesen konkurrierenden Bewegungen abgrenzen.

Theologische Konflikte zwischen orthodoxem Christentum und Gnostizismus spiegelten oft umfassendere politische Kämpfe wider. Die Angleichung der Kirche an den römischen Staat verschaffte ihr die Möglichkeit, die Konformität mit der Lehre durchzusetzen, setzte sie aber auch der Komplexität der Reichspolitik aus. Um die Stabilität und Einheit innerhalb des Reiches aufrechtzuerhalten, unterstützten die Kaiser die Bemühungen der Kirche, ketzerische Bewegungen, einschließlich des Gnostizismus, zu unterdrücken. Diese Unterstützung ging jedoch mit der Erwartung einher, dass die Kirche einen Beitrag zur sozialen und politischen Ordnung leisten würde, was das

Verhältnis zwischen religiöser und politischer Autorität weiter verkomplizierte.

Die Unterdrückung des Gnostizismus beinhaltete auch die Auseinandersetzung mit internen Konflikten innerhalb der christlichen Gemeinschaft. Die Vielfalt der Überzeugungen und Praktiken der frühen Christen machte die Entwicklung von Mechanismen zur Beilegung von Streitigkeiten und zur Wahrung der Reinheit der Lehre erforderlich. Die Einrichtung kirchlicher Räte wie des Ersten Konzils von Nicäa bot ein Forum für die Auseinandersetzung mit theologischen Meinungsverschiedenheiten und die Stärkung orthodoxer Positionen. Diese Räte offenbarten jedoch häufig tief verwurzelte Spannungen und konkurrierende Interessen innerhalb der Kirche.

Theologische Konflikte zwischen Gnostizismus und orthodoxem Christentum beschränkten sich nicht auf Lehrdebatten. Sie hatten auch erhebliche Auswirkungen auf die christliche Identität und Praxis. Gnostische Lehren mit ihrer Betonung von Geheimwissen und spirituellem Elitismus standen in scharfem Kontrast zur umfassenderen und gemeinschaftlicheren Ausrichtung des orthodoxen Christentums. Die Bemühungen der Kirche, den Gnostizismus zu unterdrücken, waren teilweise durch den Wunsch motiviert, die Integrität der christlichen Botschaft zu bewahren und die Zersplitterung der Gemeinschaft zu verhindern.

Die langfristigen Auswirkungen der Unterdrückung des gnostischen Denkens waren tiefgreifend und weitreichend. Die Marginalisierung des gnostischen Glaubens trug zur Konsolidierung der orthodoxen christlichen Lehre und zur Gründung einer einheitlichen Kirche bei. Allerdings führte die Unterdrückung des Gnostizismus auch zum Verlust einer reichen und vielfältigen spirituellen Tradition. Viele gnostische Texte wurden zerstört oder versteckt und die Stimmen gnostischer Lehrer wurden zum Schweigen gebracht. Die Wiederentdeckung der Nag Hammadi-Bibliothek im 20. Jahrhundert ermöglichte einen Einblick in diese unterdrückte Tradition und offenbarte die Komplexität und Vielfalt des frühchristlichen Denkens.

Die langfristigen Auswirkungen der Unterdrückung

Die Unterdrückung des gnostischen Denkens hatte erhebliche langfristige Auswirkungen auf die Entwicklung der christlichen Theologie, der kirchlichen Autorität und der religiösen Vielfalt. Die Bemühungen der Kirche, gnostische Überzeugungen und Praktiken zu beseitigen, führten zur Konsolidierung der orthodoxen Lehre und zur Errichtung einer zentralisierten kirchlichen Struktur. Allerdings hatte die Unterdrückung auch unbeabsichtigte Folgen und prägte die Konturen des christlichen Denkens und Handelns auf eine Weise, die bis heute nachwirkt.

Eine der bedeutendsten langfristigen Auswirkungen der Unterdrückung des Gnostizismus war die Verfestigung der orthodoxen christlichen Lehre. Die Notwendigkeit, orthodoxe Überzeugungen von ketzerischen Lehren, einschließlich des Gnostizismus, zu unterscheiden, führte zur Formulierung von Glaubensbekenntnissen und Lehraussagen, die die Grundprinzipien des Glaubens artikulierten. Das Nizänische Glaubensbekenntnis zum Beispiel lieferte eine klare und maßgebliche Zusammenfassung des christlichen Glaubens und diente als Maßstab für die Lehrorthodoxie. Dieser Prozess der Konsolidierung der Lehre trug dazu bei, die Grenzen der christlichen Identität zu definieren und einen einheitlichen theologischen Rahmen zu schaffen.

Die Unterdrückung des gnostischen Denkens stärkte auch die Autorität der Kirche als Hüterin der Orthodoxie. Die Etablierung der bischöflichen Hierarchie und die Zentralisierung der kirchlichen Autorität ermöglichten es der Kirche, die Lehrkonformität zu überwachen und durchzusetzen. Bischöfe spielten eine entscheidende Rolle bei der Wahrung der Integrität des Glaubens und stellten sicher, dass sich die örtlichen Gemeinden an die orthodoxen Lehren hielten. Die Entwicklung des Kanons der Heiligen Schrift, der gnostische Texte ausschloss, festigte die Autorität der Kirche, die christliche Botschaft zu definieren und zu bewahren, weiter.

Allerdings hatte die Unterdrückung des gnostischen Denkens auch unbeabsichtigte Folgen für die Entwicklung der christlichen Spiritualität und Theologie. Die Marginalisierung gnostischer Überzeugungen und Praktiken führte zum Verlust einer reichen und vielfältigen spirituellen Tradition, die persönliche Erfahrungen, mystisches Wissen und die inneren Dimensionen des Glaubens betonte. Die Wiederentdeckung gnostischer Texte in der Nag Hammadi-Bibliothek hat die Tiefe und Komplexität dieser unterdrückten Tradition offenbart und neues Interesse an ihren theologischen und spirituellen Erkenntnissen geweckt.

Die Unterdrückung des Gnostizismus hatte auch nachhaltige Auswirkungen auf die christliche Haltung gegenüber religiöser Vielfalt und Häresie. Die Bemühungen der Kirche, gnostische Überzeugungen zu beseitigen, schufen einen Präzedenzfall für die Unterdrückung anderer heterodoxer Bewegungen in der gesamten christlichen Geschichte. Die Identifizierung und Verurteilung von Häresie wurde zu einem zentralen

Anliegen der Kirche und beeinflusste ihre Herangehensweise an theologische Innovationen und religiöse Meinungsverschiedenheiten. Dieses Erbe der Unterdrückung hat die Dynamik religiöser Autorität und doktrinärer Kontrolle geprägt, mit Auswirkungen auf die zeitgenössischen Diskussionen über Religionsfreiheit und Vielfalt.

Trotz der Bemühungen, das gnostische Denken zu unterdrücken, blieb sein Einfluss in unterschiedlicher Form in der gesamten christlichen Geschichte bestehen. Elemente der gnostischen Spiritualität finden sich in mystischen und esoterischen Traditionen des Christentums, einschließlich der Schriften mittelalterlicher Mystiker und der Praktiken bestimmter Klostergemeinschaften. Die gnostische Betonung persönlicher Erfahrung und innerer Transformation hat bei Einzelpersonen und Bewegungen Anklang gefunden, die eine tiefere und innigere Beziehung zum Göttlichen anstreben.

In der heutigen Zeit haben die Wiederentdeckung gnostischer Texte und das erneute Interesse an der gnostischen Spiritualität zu einer Neubewertung der historischen und theologischen Bedeutung des Gnostizismus geführt. Wissenschaftler und Theologen haben untersucht, wie gnostische Ideen unser Verständnis des frühen Christentums bereichern und zur zeitgenössischen spirituellen Praxis beitragen können. Die Anerkennung des Gnostizismus als legitimer und wertvoller Teil der christlichen Tradition stellt das langjährige Narrativ der Unterdrückung in Frage und eröffnet neue Möglichkeiten für theologische und spirituelle Erforschung.

Die Unterdrückung des gnostischen Denkens hatte tiefgreifende und nachhaltige Auswirkungen auf die Entwicklung der christlichen Theologie, der kirchlichen Autorität und der religiösen Vielfalt. Die Bemühungen der Kirche, den gnostischen Glauben zu beseitigen, führten zur Konsolidierung der orthodoxen Lehre und zur Errichtung einer zentralisierten kirchlichen Struktur. Allerdings führte die Unterdrückung auch zum Verlust einer reichen und vielfältigen spirituellen Tradition, die persönliche Erfahrung und mystisches Wissen in den Vordergrund stellte. Die Wiederentdeckung gnostischer Texte und das erneute Interesse an gnostischer Spiritualität bieten eine Gelegenheit, die historische und theologische Bedeutung des Gnostizismus und sein bleibendes Erbe innerhalb der christlichen Tradition neu zu bewerten. Als Historiker liefert die Untersuchung der Unterdrückung des gnostischen Denkens wertvolle Einblicke in die Komplexität der frühchristlichen Geschichte und die anhaltende Suche nach theologischem Verständnis und spiritueller Erfüllung.

Kapitel 15

Wiederentdeckung des Gnostizismus in der Neuzeit

Der Einfluss der Nag Hammadi-Bibliothek auf das zeitgenössische Denken

Die Entdeckung der Nag Hammadi-Bibliothek im Jahr 1945 veränderte das Verständnis der frühchristlichen Geschichte und des Wesens des Gnostizismus tiefgreifend. Diese in der Wüste in der Nähe von Nag Hammadi in Ägypten gefundene Sammlung von dreizehn in Leder gebundenen Kodizes enthielt zweiundfünfzig Texte, von denen viele bisher unbekannt oder nur in Fragmenten bekannt waren. Darunter befanden sich gnostische Evangelien, Geheimbücher und philosophische Abhandlungen, die den Gelehrten einen umfassenden Einblick in die Spiritualität und das

Denken der Gnostiker boten. Diese Schatzkammer beleuchtete die reiche Vielfalt des frühchristlichen Glaubens und stellte die monolithische Erzählung eines einheitlichen frühen Christentums in Frage, die jahrhundertelang die Geschichtswissenschaft dominiert hatte.

Der Inhalt der Nag Hammadi-Bibliothek brachte die theologische und philosophische Tiefe der gnostischen Traditionen ans Licht. Texte wie das Thomasevangelium, das Philippusevangelium und das Geheime Buch des Johannes boten alternative Sichtweisen auf Schöpfung, Erlösung und das Wesen Christi. Diese Schriften betonten direkte, persönliche Erfahrungen des Göttlichen und ein tiefgreifendes Wissen (Gnosis), das über konventionelle religiöse Praktiken hinausging. Der radikale Charakter dieser Texte stellte die Grenzen zwischen Orthodoxie und Häresie in Frage und offenbarte eine lebendige und umstrittene Landschaft frühchristlichen Denkens.

Die Auswirkungen dieser Entdeckungen erstreckten sich über die akademische Welt hinaus auf breitere kulturelle und spirituelle Bereiche. Die Texte von Nag Hammadi lösten ein erneutes Interesse an Mystik und esoterischen Traditionen aus und beeinflussten zeitgenössische theologische Debatten und philosophische Untersuchungen. Wissenschaftler verschiedener Disziplinen begannen, die Auswirkungen des gnostischen Denkens auf das Verständnis der Natur des Glaubens, der Rolle religiöser Erfahrung und der Dynamik spiritueller Autorität zu untersuchen. Diese intellektuelle Neugier förderte ein differenzierteres Verständnis der Komplexität des frühen Christentums und seiner anhaltenden Relevanz für moderne spirituelle und philosophische Fragen.

Darüber hinaus hatte die Nag Hammadi-Bibliothek erhebliche Auswirkungen auf den interreligiösen Dialog und den religiösen Pluralismus. Indem sie die Vielfalt des frühchristlichen Glaubens hervorhoben, förderten diese Texte eine Neubewertung der religiösen Grenzen und eine Wertschätzung der Pluralität spiritueller Wege.

Die Anerkennung gnostischer Traditionen als legitimer und einflussreicher Zweig des frühen Christentums hat neue Wege zum Verständnis der historischen und theologischen Zusammenhänge zwischen verschiedenen religiösen Traditionen eröffnet und einen umfassenderen und dialogischeren Ansatz in der Religionswissenschaft gefördert.

Das Wiederaufleben des Gnostizismus in der Populärkultur und in New-Age-Bewegungen

Der Gnostizismus hat in der Populärkultur und in den New-Age-Bewegungen ein bemerkenswertes Wiederaufleben erlebt, was eine weit verbreitete Faszination für seine Themen wie verborgenes Wissen, spirituelles Erwachen und die Suche nach göttlicher Wahrheit widerspiegelt. In Literatur, Film und anderen künstlerischen Ausdrucksformen wurden gnostische Motive verwendet, um komplexe Fragen der Identität, Realität und Transzendenz zu untersuchen. Autoren wie Philip K. Dick mit Romanen wie „Valis" und

Filmemacher mit Werken wie „The Matrix" haben sich auf gnostische Konzepte gestützt, um die Natur der Realität und die Möglichkeit höheren Wissens in Frage zu stellen.

In der zeitgenössischen Literatur dienen gnostische Themen häufig als Rahmen für Erzählungen, die herkömmliche Weltverständnisse in Frage stellen. Philip K. Dicks Erforschung alternativer Realitäten und verborgener Wahrheiten spiegelt die gnostischen Vorstellungen einer verborgenen göttlichen Realität wider, die durch innere Erleuchtung zugänglich ist. Ebenso zeigen Filme wie „The Matrix" Protagonisten, die sich aus einer Scheinwelt befreien, um eine tiefere, transzendente Wahrheit zu entdecken. Diese Geschichten spiegeln die gnostische Betonung des Erwachens aus der Unwissenheit und der Wahrnehmung der wahren Natur der Existenz wider.

Der Einfluss des Gnostizismus reicht bis in den Bereich der New-Age-Spiritualität, wo seine Prinzipien von denen angenommen wurden, die persönliche

Transformation und spirituelles Wachstum anstreben. New-Age-Praktizierende integrieren häufig gnostische Ideen in ihre spirituellen Praktiken und betonen die Bedeutung direkter, persönlicher Erfahrungen des Göttlichen und der Kultivierung innerer Weisheit. Die gnostische Vorstellung vom göttlichen Funken in jedem Einzelnen steht im Einklang mit dem New-Age-Glauben an das inhärente Potenzial für spirituelles Erwachen und Selbstverwirklichung.

Dieses Wiederaufleben des gnostischen Denkens in der Populärkultur und in New-Age-Bewegungen spiegelt einen umfassenderen kulturellen Wandel hin zu individualisierter Spiritualität und der Suche nach Sinn außerhalb traditioneller religiöser Institutionen wider. In einer Welt, die zunehmend von Unsicherheit und Komplexität geprägt ist, bieten die gnostischen Lehren einen Rahmen für die Bewältigung der Herausforderungen des modernen Lebens. Durch die Betonung persönlicher spiritueller Erfahrungen und der Suche nach verborgenen Wahrheiten bietet der Gnostizismus eine Gegenerzählung zum Materialismus und Dogmatismus, der oft mit institutionalisierter Religion verbunden ist, und spricht diejenigen an, die tiefere spirituelle Erfüllung und Verständnis suchen.

Die anhaltende Relevanz gnostischer Ideen heute

Die anhaltende Relevanz gnostischer Ideen im zeitgenössischen spirituellen und philosophischen Diskurs liegt in ihren tiefgreifenden Einsichten in die Natur der Existenz, des Selbst und des Göttlichen. Gnostische Lehren betonen die Bedeutung von innerem Wissen und persönlichen spirituellen Erfahrungen, stellen hierarchische religiöse Strukturen in Frage und plädieren für eine direktere, individuellere Beziehung zum Göttlichen. Dieser Fokus auf persönliche Erleuchtung findet großen Anklang bei modernen spirituellen Suchern, die der erfahrungsorientierten Spiritualität Vorrang vor dem Festhalten an Lehren geben.

Gnostische Konzepte wie der göttliche Funke in jedem Menschen und die dualistische Weltanschauung, die zwischen dem materiellen und dem spirituellen Bereich unterscheidet, bieten wertvolle Perspektiven für die Auseinandersetzung mit zeitgenössischen existenziellen Fragen. In einer Zeit, die von schnellen technologischen Fortschritten und existenziellen Unsicherheiten geprägt ist, bietet die gnostische Betonung des spirituellen Erwachens und der Suche nach tieferen Wahrheiten einen Rahmen für das Verständnis und die Bewältigung der Komplexität des modernen Lebens. Durch die Ermutigung des Einzelnen, nach innerem Wissen zu streben und eine direkte Beziehung zum Göttlichen zu pflegen, bietet der Gnostizismus einen Weg zur persönlichen und spirituellen Erfüllung.

Darüber hinaus ist die gnostische Ethik, die Mitgefühl, Empathie und das Streben nach Weisheit betont, in der heutigen vernetzten und kulturell vielfältigen Welt besonders relevant. Diese Grundsätze stehen im Einklang mit zeitgenössischen Werten wie Inklusivität, sozialer Gerechtigkeit und Umweltschutz und bieten einen ganzheitlichen Ansatz für ein ethisches Leben. Gnostische Lehren über die Vernetzung aller Wesen und die Heiligkeit der Schöpfung stehen im Einklang mit modernen Bedenken hinsichtlich der ökologischen Nachhaltigkeit und der Notwendigkeit einer mitfühlenderen und gerechteren Gesellschaft.

Das wiederauflebende Interesse an gnostischen Ideen spiegelt auch einen umfassenderen kulturellen Wandel hin zu Pluralismus und interreligiösem Dialog wider. Durch die Hervorhebung der Vielfalt frühchristlicher Überzeugungen und Praktiken fördern gnostische Texte einen umfassenderen und dialogischeren Ansatz für Religionswissenschaft und spirituelle Erkundung. Diese Anerkennung der spirituellen Pluralität fördert ein größeres Verständnis und Respekt für verschiedene religiöse Traditionen und fördert eine harmonischere und integrativere globale Gemeinschaft. Auf diese Weise trägt die anhaltende Relevanz gnostischer Ideen zur kontinuierlichen Weiterentwicklung des zeitgenössischen spirituellen und philosophischen Denkens bei und bereichert unsere gemeinsame Suche nach Bedeutung und Verständnis.

Die Wiederentdeckung und das Wiederaufleben des Gnostizismus in der Neuzeit unterstreichen die anhaltende Anziehungskraft und Relevanz seiner Lehren. Der Einfluss der Nag Hammadi-Bibliothek auf das zeitgenössische Denken, der Einfluss gnostischer Themen auf die Populärkultur und New-Age-Bewegungen sowie die anhaltende Bedeutung gnostischer Ideen bei der Bewältigung moderner existenzieller und ethischer Fragen unterstreichen das tiefgreifende und bleibende Erbe der gnostischen Spiritualität. Während wir weiterhin gnostische Traditionen erforschen und neu interpretieren, bieten ihre Einsichten in die Natur der Existenz, des Selbst und des Göttlichen wertvolle Perspektiven für die Bewältigung der Herausforderungen und Komplexitäten des 21. Jahrhunderts und bereichern unser Verständnis der Spiritualität und des menschlichen Daseins.

Abschluss

Die Reise durch die Nag-Hammadi-Kodizes und das reiche Spektrum des gnostischen und frühchristlichen Denkens war sowohl aufschlussreich als auch transformativ. Am Ende dieser Untersuchung ist es wichtig, über den tiefgreifenden Einfluss nachzudenken, den diese alten Texte auf unser Verständnis von Spiritualität, Theologie und menschlicher Existenz hatten. Die Wiederentdeckung dieser Manuskripte hat nicht nur historische Erzählungen verändert, sondern auch eine Quelle der Weisheit und Einsicht für zeitgenössische Suchende geschaffen. In diesem abschließenden Kapitel werden wir die Schlüsselthemen und Erkenntnisse aus unserer Studie zusammenfassen, die anhaltende Relevanz gnostischer Ideen hervorheben und die zukünftigen Auswirkungen auf spirituelle und wissenschaftliche Bemühungen betrachten.

Das Erbe der Nag-Hammadi-Kodizes

Die im Sand Ägyptens ausgegrabenen Nag-Hammadi-Kodizes gelten als eine der bedeutendsten archäologischen Entdeckungen des 20. Jahrhunderts. Diese jahrhundertelang verborgenen Texte bieten einen Einblick in eine vielfältige und lebendige spirituelle Landschaft, die in den ersten Jahrhunderten unserer Zeitrechnung florierte. Die Kodizes stellten die vorherrschenden Narrative der frühen christlichen Orthodoxie in Frage und enthüllten eine reiche Vielfalt an Glaubensvorstellungen und Praktiken, die mit dem Mainstream-Christentum koexistierten und ihm manchmal entgegenstanden.

Durch die detaillierte Untersuchung wichtiger Texte wie dem Thomasevangelium, dem Geheimen Buch des Johannes und dem Philippusevangelium haben wir Einblick in die gnostische Weltanschauung gewonnen – eine Perspektive, die direkte, persönliche Erfahrungen des Göttlichen, die Suche danach, betont verborgenes Wissen (Gnosis) und die Transzendenz der materiellen Welt. Diese Texte haben die Vielfalt des frühchristlichen Denkens hervorgehoben und die Bedeutung des spirituellen Pluralismus für das Verständnis der Entwicklung religiöser Traditionen hervorgehoben.

Das Erbe der Nag-Hammadi-Kodizes geht über ihre historische und theologische Bedeutung hinaus. Sie haben auch ein neues Interesse an Mystik, esoterischen Traditionen und alternativen Spiritualitäten geweckt. Die in diesen Texten enthaltenen Lehren finden bei zeitgenössischen Suchenden Anklang, die sich nach einer tieferen, persönlicheren Verbindung mit dem Göttlichen sehnen, frei von den Zwängen der institutionalisierten Religion. Die Kodizes sind zu einem Prüfstein für diejenigen geworden, die die Grenzen spiritueller Erfahrung erkunden und versuchen, alte Weisheiten in das moderne Leben zu integrieren.

Die anhaltende Relevanz gnostischer Ideen

Die anhaltende Anziehungskraft gnostischer Ideen liegt in ihren tiefen Einsichten in die Natur der Existenz, des Selbst und des Göttlichen. Der Gnostizismus bietet eine radikale Neuinterpretation der spirituellen Realität, die die materialistischen und reduktionistischen Paradigmen in Frage stellt, die das zeitgenössische Denken oft dominieren. Durch die Betonung der Anwesenheit eines göttlichen Funkens in jedem Einzelnen und der Möglichkeit direkter, transformativer Begegnungen mit dem Göttlichen bieten die gnostischen Lehren ein wirksames Gegenmittel zur spirituellen Ernüchterung der modernen Welt.

Die gnostische Betonung von innerem Wissen und persönlicher Offenbarung hat erhebliche Auswirkungen auf die zeitgenössische Spiritualität. In einer Zeit, die durch schnellen technologischen Fortschritt und existenzielle Unsicherheit gekennzeichnet ist, bietet der Gnostizismus einen Weg des spirituellen Erwachens, der die Grenzen von Dogmen und externen Autoritäten überschreitet. Das Streben nach Gnosis – intimes, erfahrungsmäßiges Wissen über das Göttliche – ermutigt den Einzelnen, nach seinen eigenen Wahrheiten zu suchen und eine direkte, unmittelbare Beziehung zum Heiligen zu pflegen.

Darüber hinaus steht die gnostische Ethik, die Mitgefühl, Empathie und das Streben nach Weisheit in den

Vordergrund stellt, in tiefem Einklang mit modernen Werten wie Inklusivität, sozialer Gerechtigkeit und Umweltschutz. Die gnostische Vision der Vernetzung und der Heiligkeit allen Lebens steht im Einklang mit den zeitgenössischen Bemühungen, eine gerechtere, gerechtere und nachhaltigere Welt zu schaffen. Durch die Integration gnostischer Prinzipien in unsere ethischen Rahmenbedingungen können wir einen ganzheitlicheren und mitfühlenderen Lebensansatz fördern, der die inhärente Würde und den Wert jedes Lebewesens würdigt.

Implikationen für Wissenschaft und spirituelle Praxis

Die Wiederentdeckung und das Studium der Nag Hammadi-Kodizes haben tiefgreifende Auswirkungen sowohl auf die Wissenschaft als auch auf die spirituelle Praxis. In wissenschaftlicher Hinsicht haben diese Texte zu einer Neubewertung der frühchristlichen Geschichte und Theologie geführt und lang gehegte Annahmen über die Entwicklung der christlichen Lehre und die Natur der

Häresie in Frage gestellt. Wissenschaftler waren gezwungen, die Komplexität und Vielfalt der frühchristlichen Gemeinschaften anzuerkennen und die Grenzen zwischen Orthodoxie und Heterodoxie zu überdenken.

Diese wissenschaftliche Neubewertung hat auch die Bedeutung des interreligiösen Dialogs und des religiösen Pluralismus hervorgehoben. Indem wir die Legitimität und den Einfluss gnostischer Traditionen anerkennen, eröffnen wir neue Wege zum Verständnis der historischen und theologischen Zusammenhänge zwischen verschiedenen religiösen Traditionen. Dieser integrative Ansatz fördert einen größeren gegenseitigen Respekt und eine größere Wertschätzung für den Reichtum des menschlichen spirituellen Ausdrucks und fördert eine harmonischere und integriertere globale Gemeinschaft.

Für zeitgenössische spirituelle Praktizierende bieten die Lehren der Nag-Hammadi-Texte wertvolle Einsichten und Orientierungshilfen. Gnostische Praktiken wie

Meditation, Kontemplation und die Kultivierung innerer Weisheit bieten praktische Werkzeuge für persönliche Transformation und spirituelles Wachstum. Durch die Auseinandersetzung mit diesen alten Lehren können moderne Suchende ihr Selbstverständnis und ihre Beziehung zum Göttlichen vertiefen und auf ihren spirituellen Reisen neue Bedeutungs- und Inspirationsquellen finden.

Wenn wir in die Zukunft blicken, ist das Studium der Nag-Hammadi-Kodizes und gnostischen Traditionen weiterhin vielversprechend. Fortschritte in Technologie und Wissenschaft werden zweifellos zu neuen Entdeckungen und tieferen Einblicken in diese alten Texte führen. Projekte im Bereich der digitalen Geisteswissenschaften können beispielsweise einen breiteren Zugang zu den Kodizes ermöglichen und es Wissenschaftlern und Laien gleichermaßen ermöglichen, sich auf neue und sinnvolle Weise mit diesen Texten auseinanderzusetzen.

Der interdisziplinäre Charakter der gnostischen Studien eröffnet auch spannende Möglichkeiten für Zusammenarbeit und Innovation. Indem wir Wissenschaftler aus Bereichen wie Theologie, Philosophie, Geschichte, Psychologie und Kulturwissenschaften zusammenbringen, können wir ein umfassenderes und differenzierteres Verständnis des gnostischen Denkens und seiner Auswirkungen auf das heutige Leben entwickeln. Dieser kollaborative Ansatz kann auch dazu beitragen, die Lücke zwischen akademischer Wissenschaft und spiritueller Praxis zu schließen und eine integriertere und ganzheitlichere Erforschung der gnostischen Weisheit zu fördern.

Die Nag-Hammadi-Kodizes haben unser Verständnis der frühchristlichen Geschichte und der reichen Vielfalt spiritueller Traditionen, die in dieser prägenden Zeit entstanden, tiefgreifend verändert. Die in diesen Texten enthaltenen Lehren bieten zeitlose Einblicke in die Natur der Existenz, des Selbst und des Göttlichen und bieten wertvolle Orientierung für zeitgenössische Suchende. Während wir diese alten Schriften weiter erforschen und neu interpretieren, können wir auf ihre Weisheit zurückgreifen, um die Herausforderungen der modernen Welt zu meistern und eine tiefere, bedeutungsvollere Verbindung mit dem Heiligen zu pflegen. Die Reise durch die Nag Hammadi-Kodizes ist noch lange nicht zu Ende; Es ist eine ständige Suche nach Wissen, Verständnis und spirituellem Erwachen, die auch künftige Generationen inspirieren und aufklären wird.